1.0" encoding="UTF-8"?>
rdf="http://www.w3.org/1999/02/22-rdf-syntax-ns#" xmlns:rdfs="http://www.w3.org/20
ource rdf:about="http://iss.ndl.go.jp/books/R100000002-I000010ABCDE-00#material">
ntifier rdf:datatype="http://ndl.go.jp/dcndl/terms/JPNO">XXXXXXX</dcterms:identifier>
ntifier rdf:datatype="http://ndl.go.jp/dcndl/terms/ISBN">978-4-907125-59-9</dcterms:id
rdf:resource="http://id.ndl.go.jp/jpno/XXXXXXX"/>
rdf:resource="http://iss.ndl.go.jp/isbn/9784907125599"/>
>夢見る「電子図書館」</dcterms:title>

tion>
夢見る「電子図書館」</rdf:value>
scription>ユメ　ミル　デンシトショカン</dcndl:transcription>
tion>

ator>
rdf:about="http://id.ndl.go.jp/auth/entity/00913698">
>中井,万知子</foaf:name>
scription>ナカイ, マチコ</dcndl:transcription>
>
ator>
中井万知子</dc:creator>
lisher>

>郵研社</foaf:name>
scription>ユウケンシャ</dcndl:transcription>
tion>東京</dcndl:location>
>
blisher>
ationPlace rdf:datatype="http://purl.org/dc/terms/ISO3166">JP</dcndl:publicationPlac
e>2023</dcterms:date>
ed rdf:datatype="http://purl.org/dc/terms/W3CDTF">2010</dcterms:issued>
ject>
tion rdf:about="http://id.ndl.go.jp/auth/ndlsh/00288347">
国立国会図書館</rdf:value>
tion>
bject>
ct>
tion rdf:about="http://id.ndl.go.jp/auth/ndlsh/00331135">
電子図書館</rdf:value>
tion>
bject>
ject rdf:resource="http://id.ndl.go.jp/class/ndlc/U.214"/>
ject rdf:resource="http://id.ndl.go.jp/class/ndc10/016.11"/>
guage rdf:datatype="http://purl.org/dc/terms/ISO639-2">jpn</dcterms:language>
ent>2XX o ; 21cm</dcterms:extent>
XXXX円</dcndl:price>
ience>一般</dcterms:audience>
ialType rdf:resource="http://ndl.go.jp/ndltype/Book" rdfs:label="図書"/>
essRights>S01P99U99</dcterms:accessRights>
source>

夢見る

「電子図書館」

中井万知子

YUKENSHA

夢見る「電子図書館」

中井万知子

YUKENSHA

夢見る「電子図書館」

【目　次】

【目　次】
Contents

第8章　2021年のデジタルシフト
　　　　－2012年から2020年代へ　*207*

まえがき

　マイクロフィルムの中にとけ込んでゆく書籍、マイクロカードの中に沈んでゆく書籍は、電話連絡のインフォーメイションとともに、もはや、単独空間の図書館概念を破壊しはじめたのである。

　アメリカにない、各省、司法の図書館を支部図書館とする国立国会図書館の支部図書館の組織は、そのもつ四百万冊の本の電話連絡による捜索、ユニオン・カタローグの操作によって、二十分以内で、たいていその本のロケーションが把握できるのである。

　かかる機構は「読書室のない図書館」の概念も決してパラドックスでなく、カードと連絡さえしっかりすれば、それは最も便利なサービス機関とさえなるのではないだろうか。

　かくて、かつての文庫形式から、図書館へ、さらにインフォーメイション・センターとしての大組織に、図書館の未来像として、それはメタモルフォーゼしつつあるのである。

中井正一「図書館の未来像」（1951）より
中井正一，岡田温共編『図書館年鑑 1952』図書館資料社，1951 掲載
長田弘編『中井正一評論集』岩波書店，1995 所収
「青空文庫」テキストによる

（図1）中井正一
国立国会図書館（NDL）ウェブサイト
電子展示会「近代日本人の肖像」より
https://www.ndl.go.jp/portrait/

　1951（昭和26）年、国立国会図書館の初代副館長（1948-1952 在任）
で美学者の中井正一（1900-1952）（図1）は、「図書館の未来像」と題す
る記事をその年創刊された『図書館年鑑』に執筆し、"マイクロフィル
ムの中にとけ込んでいく書籍"と電話によるコミュニケーションを介し
て情報サービスを展開する図書館の姿を思い描いている。デジタル計算
機の研究が、ようやく実用化されようとするその時代、日本の図書館に
はまだ「電子計算機」の影も形もない中で、マイクロフィルムや"ユニ
オン・カタローグ"（総合目録）、電話網といった当時の革新的な要素
を組み合わせて、物理的な資料や場所にとらわれないネットワークにつ
ながれた図書館を夢想していた。

　実際には、1948（昭和23）年に創設された国立国会図書館の運営に
は困難な問題が山積しており、中井も在職中の 1952（昭和27）年5
月に癌によって死去している。彼の描いた未来像は、その後50年をか
けてはるかに遠いところまで"メタモルフォーゼ"（変容）していくの
だが、この図書館の草莽の時代に遺されたメッセージとして、本書の巻
頭に掲げるものである。

　私がこれから書こうとするのは、"「読書室のない図書館」の概念"
に連なる「電子図書館」の小史である。それも私が在職し、身近に経験

した国立国会図書館の電子図書館事業の始まりと推移にかなり限定されている。1998（平成 10）年に「国立国会図書館電子図書館構想」が策定されてから、すでに四半世紀が過ぎ、その歩みと現在を概観することも意味のないことではないだろう。2021（令和 3）年 3 月には『国立国会図書館七十年記念館誌：デジタル時代の国立国会図書館 1998-2018』が国立国会図書館の館史として刊行され、正史の緻密で詳細な記述には到底及ぶものではないが、その時代のダイナミズムを別の視点から追ってみたいと思っている。

　なお、「電子図書館」とは何かについては、その時々にさまざまな意味づけがなされていくので、ここで定義することは差し控えたい。ごく広く、情報通信技術を取り入れた電子的な資源の構築と提供サービスと、捉えておいていただければと思う。

　また、国立国会図書館に限定するとは言っても、「電子図書館」自体が、中井正一の述べるように"単独空間の図書館概念を破壊"するものである。そのため、図書館という世界をも超えた情報社会の進展と切っても切れないというその本質にも、力不足ながら触れたいと考えている。また、その前史として、国立国会図書館の成り立ちや「電子図書館」に先行する図書館の機械化の時代にも立ち寄りたいと思う。

　また、本書を『夢見る「電子図書館」』と題したのは、中島京子氏の小説である『夢見る帝国図書館』（文藝春秋 2019 年刊）にちなみたいという誘惑に抗いがたかったからである。『夢見る帝国図書館』は、国立国会図書館の源流の一つである「帝国図書館」自身を主人公にしたある小説の話が縦糸となっている。

　帝国図書館は近代日本最初の国立図書館として数奇な運命をたどった。1872（明治 5）年に文部省が設置した「書籍館（しょじゃくかん）」が、博覧会事務局との合併等を経て、1875（明治 8）年には「東京書籍館」と改称し、

湯島聖堂に改めて開館する。しかし、1877（明治 10）年には突如として廃止されることになり、東京府に引き取られ「東京府書籍館」となった。

その後 1880（明治 13）年に文部省傘下に戻って「東京図書館」として上野に移り、1897（明治 30）年に「帝国図書館」として歩み始める。その後も建設費の不足などに苦しみながら上野の図書館として多くの文人に利用された。第二次世界大戦下においても所蔵資料を疎開させながら開館を続け、1946（昭和 21）年 11 月の日本国憲法公布後、翌 47 年 12 月に「国立図書館」と改称された。

さらには 1948（昭和 23）年 2 月の国立国会図書館の設立により、1949（昭和 24）年 4 月には「国立国会図書館支部上野図書館」として編入されることになる。そして 2000（平成 12）年には、国立国会図書館の組織としての位置づけは同じながら、日本で初めての国立の児童書の図書館である「国際子ども図書館」として転生するのである。

このような帝国図書館の変転を織り込みながらも、小説の主軸は、この図書館に思いを寄せる魅力ある登場人物たちとその生きた時代の謎解きにある。一方で、帝国図書館の組織の中にいる図書館員たちの姿はほとんどと言ってよいほど現れてこない。図書館自体が主人公であるために、その中で働いている図書館員たちはまるで影のような存在であるというのは、ある意味理に適っていると言えよう。

それに対し本書では、電子図書館という未知の領域に踏み出し、新しい機能をかたち作ろうと、図書館員たちが右往左往しながらやってきたことを追うことになるだろう。また、舞台となる国立国会図書館自体も、第二次世界大戦後の新しい図書館として誕生したときには、さらに混沌とした状況にあった。タイトルの「夢見る」という表現は、実際に行われてきた地道な試行錯誤と作業の積み重ねに対してはバラ色過ぎるかもしれないが、冒頭の中井正一の文章を始めさまざまな人物の残した文章からは、夢を見る意志のようなものが伝わってくることがある。各章の

冒頭には、そのような言説を掲げることにしたい。

　ただし、現存する組織が記述対象であるといったことから、一部の方々を除く多くの方々については、その重要な役割に拘わらず匿名性の中で扱わざるを得ない。そして、記述する内容は、私自身の個人的な見解や誤解によって多くが成り立っているということをお断りしておきたい。また、そのときどきの個人的な体験や感想なども少なからず混じっている。

　構成としては、「第1章　国立国会図書館の成立」で、その源流と設立について述べ、1980年代までの動きについて簡単に触れる。「第2章　機械化と「書誌コントロール」」では、コンピュータの導入とその大きな目標であった書誌情報に関する取組みについて述べる。ここまでが「電子図書館」の「前史」という位置づけとなる。「第3章　1994年の電子図書館」は、インターネット前夜から勃興期にかけての「電子図書館」という概念の登場とその胎動の時代について見る。「第4章　「国立国会図書館電子図書館構想」―構想から計画へ」では、1998（平成10）年に策定された電子図書館事業の構想と事業化の動きについて、「第5章　2002年の電子図書館」ではその時点での事業の到達点と課題、「第6章　電子図書館からデジタルアーカイブへ―2006年までの動き」で、2004（平成16）年に策定された次期の計画、「第7章　長尾館長の5年間（2007年4月〜2012年3月）」で、長尾真館長時代の進展とはどういうものだったのか、「第8章　2021年のデジタルシフト―2012年から2020年代へ」で、その後の状況と最近の特徴的な動きについて見る。そして「おわりに」でもう一度本書執筆の意図と経緯を振り返りたい。

　参考文献（主として図書）は巻末に示した。雑誌掲載記事やインターネット上の文献については、本文や各章の注で示すことにした。多くの文献はインターネット上でアクセスできるが、文献レベルのURLは割

愛した。インターネット情報への最終アクセスは2023（令和5）年4月末時点である。また、多くの画像を国立国会図書館の刊行物やウェブサイトから転載させていただいた。深く感謝申し上げる。

第1章
国立国会図書館の成立

　從來、われわれの観念におきまして図書館と申しますと、書物が集まつておる、これを読みに行くということがわれわれの通念でありますけれども、欧米各國におきましては、実は國会図書館というものは、先ほど申し上げましたような知識の泉であり、立法のブレーンであり、ものを整理するところの元締であるのであります。

第2回国会 1948年2月4日衆議院本会議
中村嘉壽衆議院図書館運営委員会委員長による国立国会図書館法および国立国会
図書館建築委員会法案提出の趣旨説明より（国会会議録検索システム）

　眞理は我らを自由にする。これがこの國立國会図書館法案の全体を貫いておる根本精神であります。今日の我が國民の悲惨の現状は、從來の政治が眞理に基かないで虚偽に基いていたからであります。國民の安全と幸福とを守ることを期待されておりました先の日の議会が、

その任務をはたすことができないで、遂に官僚、軍閥の前に屈してしまつたのは、立法の全権及びその立法の基礎となるべき調査資料を議会みずからが全く持つていなかつたからであります。新憲法により國会が國の最高唯一の立法機関として、國民の安全と幸福とを守つて行くために、從來のように官僚が立法し、軍閥がこれを命令するというような状態を完全に脱却して、人民主権によつて選挙せられた國会の任務を果して行くためには、その確かなる立法の基礎となる調査機関を完備しなければなりません。

第 2 回国会 1948 年 2 月 4 日参議院本会議
羽仁五郎参議院図書館運営委員会委員長による国立国会図書館法および国立国会
図書館建築委員会法案提出の趣旨説明より（国会会議録検索システム）

国立国会図書館は、真理がわれらを自由にするという確信に立つて、憲法の誓約する日本の民主化と世界平和とに寄与することを使命として、ここに設立される。

国立国会図書館法（昭和 23 年 2 月 9 日法律第 5 号）前文

　冒頭に掲げた二つの発言は、1948（昭和 23）年 2 月 4 日の衆議院および参議院本会議における国立国会図書館法案提出時の両院の図書館運営委員長による趣旨説明であり、インターネットで公開されている「国会会議録検索システム」（https://kokkai.ndl.go.jp）で簡単に見ることができる。法案は両院で可決され、国立国会図書館法は同年 2 月 9 日に公布施行され、国立国会図書館は誕生した。

　第 1 章では、電子図書館の前史という位置づけで、国立国会図書館自体の歴史を簡単に振り返ることにしたい。最初に 1979（昭和 54）年

に刊行された『国立国会図書館三十年史』および『同　資料編』(以下「三十年史」および「三十年史資料編」と略す）を底本にしてその源流について見た後、その誕生の前後と1980年代に至る流れについてざっくりと見る。また、国際的な「国立図書館」の立ち位置についても触れることにする。

　なお、ここからは、文献の引用あるいは固有の法律等のタイトルとして用いられていない限り、国立国会図書館をNDL（英語名National Diet Libraryの略称）と略することにする。

（1）　NDLの源流

■帝国議会の図書館

　「三十年史」は、冒頭（p.2）でNDLは「国会の図書館であるとともに、国の中央図書館としての任務を同時に課せられている」とし、この意味において「二つの源流が挙げられる」と記している。源流の一つは帝国議会両議院の図書館、もう一つが帝国図書館である。後のほうの帝国図書館については「まえがき」で非常に簡単ながら触れたので、ここでは一つめの源流を中心に見ることにする。

　大日本帝国憲法のもとで帝国議会が開設された1890（明治23）年、衆議院および貴族院にはそれぞれ図書に関する事務を担当する部署が位置づけられ、図書室が開設された。NDLがデジタル資料を提供している「国立国会図書館（NDL）デジタルコレクション」(https://dl.ndl.go.jp/)には、1898（明治31）年11月現在の両院の目録である『帝国議会図書館和漢書目録』(図2)がインターネット公開されている。

　この目録の名称を見る限り、「帝国議会図書館」という図書館が存在しているように見えるが、実際には両院は別々に所蔵資料を管理し、貸出規則もそれぞれに制定されていた。もっとも、共用の議会図書館を

（図 2）『帝国議会図書館和漢書目録』
　明治 31 年 11 月
　貴族院事務局, 衆議院事務局, 明 31.12.

国立国会図書館デジタルコレクション（以下、NDL
デジタルコレクション）
https://dl.ndl.go.jp/pid/897324
表紙（部分）。帝国図書館の蔵書印・受入印あり。

設置すべきであるとの考え方は根強く、1891（明治 24）年には、当時
の両院の書記官長（貴族院が金子堅太郎（1853-1942）、衆議院が曾禰
荒助（1849-1910））が連名で内閣に要請した議会図書館設置が認めら
れ、実現するかと思われた [注1]。結局その計画は挫折したが、共用の理
念は残り、二つの図書館はどちらの院の議員と職員も自由に利用するこ
とができ、蔵書目録の編さんが両院の共同で行われたこともあったとい
うことになる。

　その後は衆議院が 1905（明治 38）年に『衆議院図書館図書目録』を
編さん、増加図書目録も継続的に編さんし、1942-43（昭和 17-18）年
に刊行された上・下巻の目録（昭和 15 年末現在）は、世界的に代表的
な分類法である米国の「デューイ十進分類法」によって目録情報を排列
した完成度の高い目録になっている [注2]。これらの本文も「NDL デジ
タルコレクション」で見ることができる。

　ただし、両院の図書館は「図書館」の名を掲げてはいたものの、官制
として「図書館長」が設置されていたのは、一時期の衆議院においての
みで、組織的には両議院の事務局の庶務担当課の一つの係の事務に過ぎ
ず[注3]、「三十年史」が記しているように、帝国議会自体、議員の活動
をサポートする調査研究のための組織を充分に備えていたわけではな
かった[注4]。

　1918（大正 7）年、現在の国会議事堂の建設予算が成立したことを
契機として、特に衆議院では、新議事堂の構内に議員の事務室および“完
全ナル”図書館を設置せよとの議員からの決議案や建議案が、1923（大
正 12）年以降繰り返し上程され、議決されることになった。

　その際引き合いに出されたのが、「亜米利加ノ“コングレス・ライブ
ラリー”」つまり米国議会図書館（Library of Congress）であり、1934（昭
和 9）年の建議案の上程の際の星島二郎（1887-1980）の演説では、「ア
アシタ理想的ナモノハ急ニ望メマセヌガ」、広い場所に図書館を設置し、
政府が所有する図書を集め、議員や政府の職員が議会閉会中でも調査研
究に利用できるようにするとの構想が述べられている。建議案は衆議院
で満場一致で可決された。ワシントン D.C. にある米国議会図書館は、
1802 年に上院および下院の両院の図書館として設置され、立法補佐機
関であるとともに米国の著作権登録機関の役割を持ち、膨大なコレク
ションを有する世界有数の大図書館として成長を続けていた。なお、星
島二郎は 1920（大正 9）年から 50 年近く衆議院議員を務め、戦前は
翼賛政治に対抗するなど自由主義的立場をとった政治家である。

　また、1929（昭和 4）年の帝国議会に提出された「議会法」、「出版法」
および「新聞紙法」改正の法律案は、新刊出版物 2 部の内務省への納
付を義務づけた「出版法」および「新聞紙法」の当時の規定に加え、も
う 1 部を新たに設置する「帝国議会図書館」に収めるよう改正する法
案であった。議員の調査研究のための資料の充実をねらって、国内の出

版物の納付を制度化しようとするもので、同じく星島議員の演説でその趣旨が述べられている。改正案は衆議院では可決されたが、貴族院では議題に上がることなく終わった。「三十年史」は、この改正法案を、後に国立国会図書館法で定められることになる納本制度の源流として重要視している。また、先に述べた1934（昭和9）年の建議は、議会だけでなく政府の蔵書の集中的管理や政府職員へのサービスも想定していたため、やはり同法に盛り込まれることになる行政・司法各部門の支部図書館制度につながる構想として注目している。

　1936（昭和11）年にようやく完成した新議事堂には、中央の塔の真下に両議院の図書館が設置され、連携して運営されることになり、その空間は現在のNDLの国会分館にそのまま受け継がれている（図3）。しかしながら、議員が夢見たような図書館の姿には程遠く、同年には帝国議会図書館と議員事務室の設置に関する建議が可決されている。1937（昭和12）年1月、広田弘毅（1878-1948）内閣（1936.3〜37.1）は4か年継続事業の予算として両院議員専用庁舎、図書館等の建築費250万円を計上したが、同月中に広田内閣は瓦解、次の林銑十郎（1876-1943）内閣（1937.2〜5）において、その予算は事実上潰されてしまった。ここからは、「三十年史」（p.9）の文章をそのまま引用しておこう。

　「このようにして議会図書館設置の計画は、「臨戦体制確立」という名の下に、事実上棚上げということとなった。そしてその七月に勃発した日華事変からひきつづき太平洋戦争へと進む戦時体制下にあっては、議会図書館の設置のごときは、もうかえりみられず、ついに終戦を迎えるのである。」

■帝国図書館

　帝国議会の図書館のこのような状況を見れば、もう一つの源流である帝国図書館も推して知るべしである。

（図3）　帝国議会議事堂（現在の国会議事堂。1936（昭和11）年完成）内の"図書館"

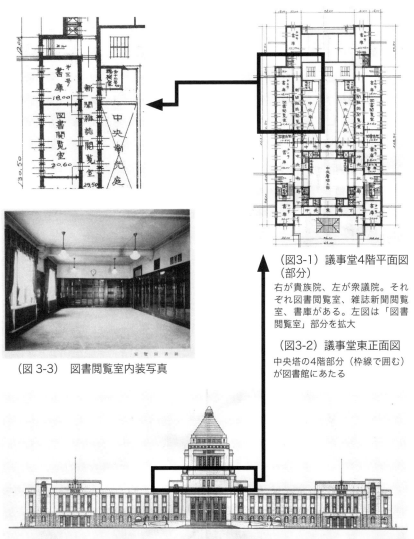

（図3-1）議事堂4階平面図（部分）

右が貴族院、左が衆議院。それぞれ図書閲覧室、雑誌新聞閲覧室、書庫がある。左図は「図書閲覧室」部分を拡大

（図3-2）議事堂東正面図

中央塔の4階部分（枠線で囲む）が図書館にあたる

（図3-3）　図書閲覧室内装写真

出典：（図3-1），（図3-2）　　[大蔵省]営繕管財局 編『帝国議会議事堂建築報告書』[附図],営繕管財局,昭13. NDLデジタルコレクション　https://dl.ndl.go.jp/pid/8312431 16図および20図を加工
　　　（図3-3）　　同〔本編〕,営繕管財局,昭和13.　NDLデジタルコレクション
　　　https://dl.ndl.go.jp/pid/1686702　242コマより
　　　（送信サービス資料）
　　　参考：「特集・国会議事堂の中の図書館」『国立国会図書館月報』（741）2023.1.p.6-25

　中島京子氏の『夢見る帝国図書館』の紹介にこと寄せて、誕生までの曲折は「まえがき」で簡略に述べるに留めたが、1897（明治30）年に帝国図書館官制（明治三十年四月二十七日勅令第百十号）（「三十年史資料編」p.387）が公布され、第1条で「帝国図書館ハ文部大臣ノ管理ニ属シ内外古今ノ図書記録ヲ蒐集保存シ及衆庶ノ閲覧参考ノ用ニ供スル所トス」とその役割を規定した。初代館長の田中稲城（1856-1925）らの努力により、1899（明治32）年には東洋最大の国立図書館建設を目指し、庁舎工事が着工された。しかし、財政難や日露戦争のため工事は遅れ、設計図の4分の1が完成した1906（明治39）年3月にようやく開館式を挙行した。後任館長の松本喜一（1881-1945）のもとで第2期工事が行われ、1929（昭和4）年に竣工したが、それでも当初の計画の3分の1が完成したに過ぎない。その後は「文化施設を整備充実する余力など、とうてい望むべくもなかった」（「三十年史」p.28）ため、帝国図書館はその建築においては "未完の図書館" として終わったことになる（図4）。

　なお、1875（明治8）年には、版権取得のために文部省准刻課に納付された国内新刊書1部が帝国図書館の前身である東京書籍館に交付されることになった。同年、出版条例の改正によって内務省に版権の事務が移り、さらに1893（明治26）年の出版法の制定以降も交付は継続され、帝国図書館は国の刊行図書の収蔵機関として、実質的には納本図書館としての性格を備えていたと言えよう（「三十年史」p.16）。

　また、初代田中館長は1892（明治25）年、現在の日本図書館協会の前身である日本文庫協会（1908年に日本図書館協会に改称）の設立にあたって初代会長を務め、二代目の松本館長も日本図書館協会の理事長として活発に活動した。1922（大正11）年には「図書館員教習所」（後に「図書館講習所」）を付設し、帝国図書館は図書館員の養成機関としての役割も持っていた。

（図4）　帝国図書館の建築

（図4-1）1906（明治39）年の建設
当時の帝国図書館
NDLウェブサイト「国立国会図書館につい
て」「沿革」より
https://www.ndl.go.jp/jp/aboutus/outline/
history/index.html

（図4-2）帝国図書館の閲覧室
（1906（明治39）年から1929（昭和4）
年頃）
国際子ども図書館ウェブサイト「国際子ど
も図書館について」「建物の歴史」「帝国
図書館の歴史」より
https://www.kodomo.go.jp/about/
building/history/pdf/history_imperial.pdf

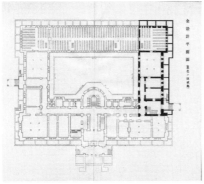

（図4-3）帝国図書館平面図①
1906（明治39）年建設時は、太線の部分
しか完成していなかった。
左上の写真は、右方向から撮影

『帝国図書館一覧』帝国図書館,1912.8.
NDLデジタルコレクション
https://dl.ndl.go.jp/pid/1907912　　口絵
（5コマ目）

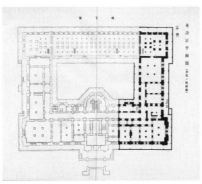

（図4-4）帝国図書館平面図②
太線部分が1929（昭和4）年の増築後の完
成部分と見られる。全体計画の3分の1

『帝国図書館概覧』[帝国図書館],[190-].
NDLデジタルコレクション
https://dl.ndl.go.jp/pid/1907914
口絵（7コマ目）

　国内的には、帝国図書館設置の2年後の1899（明治32）年に図書館令が初めての公共図書館の根拠法として制定され、公立図書館や私立図書館の設置が進められた。図書館令は1933（昭和8）年には全面改正され、都道府県の公立図書館のうち1館を中央図書館に指定することを義務づける中央図書館制が導入され、その中央に帝国図書館を位置づける体制が形成されつつあった。

　1934年に英国で刊行されたエスデール（A. Esdaile,1880-1956）による"National Libraries of the World（世界の国立図書館）"は、各国の国立図書館を調査した世界で初めての書物であるが、調査対象となっている21か国の国立図書館の中に、アジアでは中国（1912年建国の中華民国）の北京図書館と日本の帝国図書館が含まれている [注5]。

　帝国図書館は松本館長名で調査に回答しており、時期的には図書館令が全面改正された直後にあたっている。記述の内容は、館の沿革、施設、主なコレクション、目録類の紹介等にわたっているが、管理体制や国内的な位置づけについて述べている部分では、帝国図書館が図書館間貸出やレファレンスなど全国的な図書館活動の中心であり、"intellectual clearing-house（知的クリアリングハウス）"の役割を果たしているとしている。また、図書館令の改正によって、帝国図書館が全国の図書館の中心となる機関としての地位を占めつつあること、そのための公的組織の再編も文部省によって検討されていると述べており、国の図書館の頂点に立つとの自負が示されている。他に職員に関する記述なども興味深く、1934（昭和9）年1月時点の職員の現員数は164名で、司書や書記といった官制で定められた職員が26名であるのに対し、館長の権限で雇用する嘱託、雇用人、オフィス・ボーイやオフィス・ガールと記されている事務見習い、技術職等が他を占めていた。

　ここで少し、世界の国立図書館の状況についても述べておきたい。同書の編さん者のエスデールは、刊行当時は大英博物館（British

Museum. 図書部門が当時の英国の国立図書館にあたり、日本では「大英図書館」とも呼ばれた。同書においては、フランスの国立図書館および米国議会図書館とともに三大国立図書館といった位置づけになっている）の書記官であり、図書部門の館長に次ぐ地位にあった。前書きでは、「国立図書館」という概念は近代の所産であるが、それでもその時点で 1 世紀を越えて存在し、機能を拡張し続けていると述べている。遡るならば、最古の図書館ともいわれる紀元前 7 世紀のメソポタミアのアッシュルバニパル王の図書館や、エジプトのプトレマイオス朝のもとで紀元前 3 世紀には存在していた古代アレキサンドリア図書館も、王家の図書館であるからには国立図書館の起源と見ることもできよう。ただしエスデールの調査意図は、ヨーロッパを中心とする近代国家の形成と 19 世紀に制度化が進められた市民に開かれた公共図書館の成立の中で整備されてきた、国立の図書館の近代的な機能を調べることにあったと考えられる。結果的には、各国の国立図書館はそれぞれの国の政治的・社会的伝統の中で非常に異なる図書館サービスを形成しており、比較するにしても統一感は望めないと述べている。むしろ多様性に着目し、国立図書館に必要とされる共通的な機能を提示しているわけではない。

　1920 ～ 30 年代は、第一次大戦と第二次大戦の戦間期であり、国際的な図書館協力活動も端緒につき、図書館団体としてもっとも権威のある国際図書館連盟（International Federation of Library Associations and Institutions：IFLA）の前身も 1927 年に創設され、活動を開始していた。エスデールの調査対象になったということは、日本の帝国図書館もその一員に加わるべきものとして認識されていたと言ってもよいだろう。ただし、日本はすでに 1933 年には国際連盟を脱退し、軍事体制への歩みを進めており、帝国図書館の国際的な活動は限られていたと考えられる。また、ヨーロッパにおいても同じく 1933 年にドイツでヒトラーが内閣を組閣、1939 年のポーランド侵攻による第二次世界大戦の

開戦は目前に迫っていたのである。

（2）　「国会図書館」から「国立国会図書館」へ

　第二次世界大戦終結後、連合国軍による占領下において、1946（昭和21）年5月16日、第90回帝国議会が招集され、大日本帝国憲法改正案の審議・可決の後、日本国憲法が同11月3日に公布されることになる。その審議が進む中で、議会図書館の設置に関する請願、建議案が学者や議員によって相次いで提出された。「三十年史」（p.11）を引用すれば、「国会が国権の最高機関であり、国の唯一の立法機関であるという日本国憲法の精神に応えて、国会議員の国政審議に遺憾なきを期するためには、これまでとは違って国会が強力な調査機能をそなえた議会図書館を持つことの必要性を、より身近に感ずるに至った」ことによる。

　新たな議会図書館の範とされたのがやはり米国議会図書館であった。1946年9月17日、貴族院において、大内兵衛（おおうちひょうえ）（1888-1980）らによって提出された請願に対し、請願の紹介者である同院議員の姉崎正治（あねさきまさはる）（1873-1949）は、議会図書館は「帝国図書館其ノ他ヲ併セテ、堂々タル図書館ニシテ、唯単ニ議会ノ為デナク、国ノ為ノ図書館ト云フコトニスル必要ガアルト信ジマス」（「三十年史」p.12-13）と賛同の演説を行っている。そして、米国議会図書館が有する著作権登録機関としての役割、総合目録の作成、資料の国際交換等の機能を備えるべきであると述べている。なお、請願者の大内兵衛は日本を代表するマルクス経済学者であり、当時貴族院議員だった姉崎正治は宗教学者で、東京帝国大学の図書館長を務めていたこともある。

　日本国憲法公布後の第92回帝国議会において、1947（昭和22）年3月19日に国会法（昭和22年4月30日法律第79号）が成立、第130条で「議員の調査研究に資するため、国会に国会図書館を置く。国

会図書館は、一般にこれを利用させることができる」[注6]と定めた。また、第 42 条で規定する両議院の常任委員会の一つとして、図書館運営委員会が置かれることになった。これに伴い、国会図書館法案が提出され、同 3 月 30 日に成立、国会図書館法（昭和 22 年 4 月 30 日法律第 84 号）は国会法と同日に公布され、5 月 3 日の日本国憲法施行に合わせて施行された。

　こうして「国会図書館」が誕生した。もっとも国会図書館法は、全 7 条のみの簡素な法律であり、第 1 条に「内外の図書記録の類を蒐集保存し、議員の調査研究に資する」ことと「別に定める規程に従い、一般にこれを利用させることができる」とその役割を規定するのみで、あとの条文は館長以下の組織について定めているに過ぎない（「三十年史資料編」p.2-3）。

　1947（昭和 22）年 5 月、新憲法下における第 1 回国会の召集に伴い、両議院の図書館運営委員会も初めて開催され、国会図書館の組織や機能に関する審議が開始された。審議に資するため、両議院の調査部を中心に米国議会図書館についての調査が行われ、米国から図書館運営の専門家を招聘するとの決定がなされた。7 月 12 日には連合国軍最高司令官総司令部（GHQ/SCAP）に正式に要望を行っている（「三十年史資料編」p.308 に「米国図書館専門家派遣依頼書簡」あり）。新図書館の検討には GHQ の後押しが大きかった。

　第 2 回国会開会中の同年 12 月 14 日、米国議会図書館副館長クラップ（Verner W. Clapp, 1901-1972）と米国図書館協会のブラウン（Charles H. Brown, 1875-1960）が使節として来日、翌 1948（昭和 23）年 1 月 6 日までの短期間に精力的に図書館運営委員会との協議を重ねることになる。そして使節による国立国会図書館法の勧告案を原型として法案が起草され、2 月 3 日には衆議院および貴族院で法案が固まり、翌 4 日の両院の本会議に上程される運びとなった。

　なお、帝国図書館は、1947年12月4日に「国立図書館」と改称されており、1948年2月9日に国立国会図書館法が施行され「国立国会図書館」が設置されるまで、日本には「国会図書館」と「国立図書館」が存在した。

　米国使節の示した勧告や討議用資料は「米国図書館使節覚書」として「三十年史資料編」に収録されている [注7]。その中には、1947年12月の協議開始時点において、当面は国会図書館と上野の国立図書館とを併存させる意向を図書館運営委員会が示したことが記録されている。委員会側は、あくまでも議会の図書館を希求しており、国の中央図書館としての機能は先延ばしにしたいといった様子もうかがえる [注8]。しかし、1週間後には「日本は国立図書館を二つもつ必要もないし、又その余裕もない」との見解を使節団が再提示し、上野の国立図書館の機能はNDLに移管すべきと勧告した [注9]。「三十年史資料編」には米国図書館使節の報告書は英文でしか収録されていないが、その国の情報や文化的資源をすべての国民に利用可能にするための国立図書館機能の重要性が強調され、国会に対するサービスが第一義であるとしても、国の刊行物の網羅的なコレクションや海外文献の収集に基づいて館に具備された調査能力は、他の政府機関や国民にも最大限提供されるべきであるとの理念が示されている [注10]。上野の国立図書館は、1949（昭和24）年4月にNDLの支部図書館の一つである支部上野図書館として編入された。

（3）　NDLの誕生

　ここで本章冒頭に掲げた国会会議録の両図書館運営委員長による法案提出の趣旨説明を見ることにする。
　参議院の委員長の羽仁五郎（1901-1983）は、群馬県出身、歴史学者で、戦後の左翼活動の理論的支柱としての立場を貫いた人物である。終戦当

時は治安維持法によって逮捕されていたが、1947 年の選挙で参議院議員に当選した（1956 年まで在職）。趣旨説明では、「人民主権によつて選挙せられた國會の任務を果して行くためには、その確かなる立法の基礎となる調査機関を完備しなければ」ならないとし、国会の調査機関の機能を全面的に打ち出している。国立国会図書館法前文の「真理が我らを自由にする」という文言自体、起草者である羽仁の発案によるものであった [注11]。国立図書館の機能としては「その主要任務たる國會の要求を妨げない限り、一般國民の図書館文化の中心たるべきことを規定」していることを述べたのみである。ただし、羽仁に続いて法案賛成の発言を行った図書館運営委員会メンバー堀真琴（ほりまこと）（1898-1980）は、従来の内務省の納本制とは異なる納本制度が、この法案で規定されていることを賛成の理由の一つとして挙げている。

　一方で、衆議院の図書館運営委員長であった中村嘉壽（なかむらかじゅ）（1880-1965）は、鹿児島県出身、米国で大学を卒業し、ジャーナリストや実業家としての経歴を持つ人物であり、帝国議会時代からの衆議院議員経験者であった。羽仁とは対照的に、中村の趣旨説明演説は、「知識の泉」、「立法のブレーン」そして「ものを整理するところの元締」という三つのキャッチフレーズを並べ、図書館に疎い議員に対してもその機能がイメージできるようにしたと想像される。その中でも「ものを整理するところの元締」という表現に注目しておきたい。実際のところは中村の演説はこの部分についてはあまり具体的ではなく、書類がすぐ取り出せるように整理しておく、それによって能率を上げるといったようなことを述べているに過ぎないが、「整理」は図書館においては目録作成などの業務を指し、サービスの前提となる業務である。そして、米国議会図書館が世界をリードしてきた整理業務関連の事業、たとえば自館の目録カードを世界中の図書館に頒布する「印刷カード事業」などを通じ、広く目録の普及と標準化を推進するといった「書誌コントロール（書誌調

整)」[注12] のセンター、すなわち「整理の元締め」としての国立図書館の姿に通じるものがあるというのは、深読みに過ぎるだろうか。なお「書誌コントロール」というのは一般の図書館においてもあまりなじみのない用語かもしれないが、NDLのその後の展開を見る上で欠かせない言葉として、本書では特に第2章で頻繁に登場することになる。

その時成立した国立国会図書館法には、「日本国内で刊行された出版物の目録の刊行」(第7条)、「印刷した目録票」(印刷カード)の頒布(第21条3号)、「日本の図書館資料資源に関する綜合目録」の作成(同4号)といった自館の蔵書目録の作成に留まらない目録の作成と提供に関する規定、つまり日本の「書誌コントロール」のセンター的な機能が規定されていた。

法案は2月4日に両院で可決され、1948年2月9日、国立国会図書館法(昭和23年2月9日法律第5号)は公布施行された。

法律の構成に簡単に触れるならば、第1章第2条で、資料を収集し、国会議員の職務の遂行に資するとともに行政・司法の各部門、さらに国民に対しこの法律で定める図書館奉仕を提供するとの目的を規定し、第2〜5章で館長以下の任務および組織、国会による審査等について定めている。

第6章では内部組織としては唯一「調査及び立法考査局」(第15〜16条)が立法府の調査機関として、法案の分析、立法資料の収集、分析、編集、翻訳等による提供といった職務内容まで規定されている。次いで第7章で行政・司法の各部門への連携のための支部図書館制度について規定されている。立法府に設置された図書館が、行政機関や最高裁判所に設置された図書館を支部図書館として位置づけ、資料の貸出や交換、綜合目録の作成等を通じたサービスを行う制度は世界にも例がなく、本書「まえがき」の冒頭で引用した中井正一の文章にも支部図書館とのネッ

トワークに対する期待があふれている。

　第 8 章で一般公衆および図書館に対する奉仕を定め、第 21 条で「国立国会図書館の奉仕及び蒐集資料は、直接に又は公立その他の図書館を経由して、両議院、委員会及び議員並びに行政及び司法各部門からの要求を妨げない限り、日本国民にこれを最大限利用させる」（現行の条文は巻末参考資料を参照）と定めた。その目的のため、収集資料の閲覧や図書館への相互貸借、あらゆる適切な方法による図書館への援助、前述した目録カードの頒布や総合目録の作成等を行うことが規定されている。

　第 9 〜 11 章が資料の収集であり、第 23 条で、図書館資料を購入、納本、寄贈、交換等の方法で収集することを定め、納本については、第 24 条で国の諸機関による出版物の納入、第 25 条で民間出版物の納入について定めた。最終章の第 12 章で予算や支出などについて定め、附則を含めて全 31 条の法律として制定された。

　その中で第 24 条と第 25 条の納本制度の規定は、早くも翌 1949（昭和 24）年 6 月に改正されており、第 24 条では国の諸機関による出版物の納入の部数を明確にし、さらに第 24 条の 2 として地方公共団体による出版物の納入に関する規定が追加された。また、第 25 条の民間出版物の納入については、「出版及び納入に通常要すべき費用に相当する金額を、代償金として交付する」とするいわゆる納本代償金の規定が盛り込まれ、第 25 条の 2 として納入しなかった場合の罰則として過料に処する規定が設けられている。

　その後、国立国会図書館法は、1955（昭和 30）年 1 月 28 日付の改正を除き、1990 年代に至るまでまったく改正が行われないまま、NDLの根拠法として、その機能の実現が目指されることになる。なお、55年の改正は国会法の改正に基づき、それまで常任委員会として存在したNDL の産みの親とも言うべき図書館運営委員会が廃止され、NDL 関係

の審査が両議院の議院運営委員会の所掌となることに伴うものであった（「三十年史」p.117）。

　1948（昭和23）年2月25日、憲法制定担当の国務大臣を務めた金森徳次郎（1886-1959）（図5）が館長に任命され、同4月16日には尾道市立図書館長であった中井正一が副館長に任命された。金森徳次郎は、愛知県出身、内閣法制局に勤務し、1934（昭和9）年に長官に就任したが、天皇機関説論者として批判を受け辞任、1946（昭和21）年に貴族院議員となり、第一次吉田茂内閣の憲法担当国務大臣として日本国憲法の制定に尽力した。中井正一は広島県出身、京都帝大で哲学を学び、美学を中心とする評論や雑誌の編集に携わったが、治安維持法違反で検挙された。1945（昭和20）年に尾道市立図書館長に就任し、文化活動の推進に取り組んでいた。

　参議院図書館運営委員会は館長として中井を推薦しており、金森を推したのが衆議院側であったことは2月10日の参議院側の委員会議事録に記録されている。検挙歴がある中井の副館長任命に衆議院側が反対し、紛糾したことも、同年6月にかけての衆議院図書館運営委員会議事録

（図5）金森徳次郎
NDL ウェブサイト
電子展示会「近代日本人の肖像」より
https://www.ndl.go.jp/portrait/

（国会会議録検索システム）に見ることができる。

（4）　国立図書館の領域

　こうして NDL は、米国議会図書館に範を置き、米国議会図書館以外には例を見ない立法府に属する国立図書館として誕生した。同時に、第二次世界大戦後の世界秩序の中で、これからの時代の国立図書館の機能を果たすべき制度的裏付けを与えられたと言ってよかろう。多くの国、特にヨーロッパにおいては王家の図書館を出自とするなど、それぞれのルーツと長い歴史を持つ国立図書館が存在することに対し、1948 年の時点で肩を並べるべくスタートを切ったのである。もっとも、国立図書館の代表格である英国図書館やフランス国立図書館が、国内の機関の統合再編によって 1970 年代以降に現在の姿に生まれ変わっていることと比較すると[注13]、NDLの設立時の位置づけは現在も変わっていない。この点については、米国議会図書館と同様に議会に属する機関であるという組織的な存立基盤にも関係していると考えられるのではないだろうか。

　国際的に見るならば、1950 年代から 80 年代にかけて、ユネスコ（国際連合教育科学文化機関。1945 年 11 月設立）の活動が世界の国立図書館に与えた影響は大きかった。「ユネスコ憲章（Constitution of UNESCO）」の前文は、「戦争は人の心の中で生れるものであるから、人の心の中に平和のとりでを築かなければならない。」との一文で始まる。そして「ここに終りを告げた恐るべき大戦争」が無知と偏見によって可能にされたものであり、永続的な平和は、政府の政治的・経済的な取り決めのみではなく、「人類の知的及び精神的連帯の上に築かなければならない。」とする[注14]。ユネスコの任務の一つには「いずれの国で作成された印刷物及び刊行物でもすべての国の人民が利用できるように

する国際協力の方法を発案すること」が挙げられ、国立図書館はその有力な担い手と目されることになった。当時、国際的な情報流通のターゲットは各国の出版物であり、出版物に関する書誌情報の作成・提供が確実に行われることが大きな目標であった。ユネスコの広範な活動領域の中で、図書館は比較的地味な分野だったとは考えられるが、国立図書館をそれぞれの国の全出版物の保存、書誌情報の作成と提供、すなわち「書誌コントロール」を推進できる中心的な存在と位置づけ、その機能を議論するための国際会議を主催し、発展途上国の国立図書館設置の推進を図っていた。

1960 年代後半には国立図書館の機能が本格的に論じられるようになり、その国際的な連携を目的として 1974 年に設立された「国立図書館長会議 (Conference of Directors of National Libraries : CDNL)」は、規約の中で次のような国立図書館の定義を採用した。

「図書館の名称はどうであれ、ある国で刊行されたおもな出版物を網羅的に収集・保存し、かつ法律あるいは他の申し合わせによって「寄託図書館」として機能する責任のある図書館。さらにそれらは通常次に記す機能のいくつかを果たす。全国書誌の出版、その国に関する書籍を含め代表的外国文献を大量に所蔵し新刊を収集すること、全国書誌情報センターとしての機能を果たすこと、ユニオン・カタログ（総合目録）の編成、遡及全国書誌の刊行。「国立」と呼ばれても、その機能がさきの定義に合致しない図書館は「国立図書館」の範疇にいれるべきではない。」（訳は、ギ・シルヴェストル著；松本慎二訳『国立図書館のガイドライン』日本図書館協会 1984 年刊による）[注15]

この定義は 1999 年に全面改正されることになるが [注16]、1970 年代においては書誌や目録に関するセンター的機能が重視されていることがわかる。

もっとも、創設時の NDL にとって、「書誌コントロール」の担い手

としての任務などは、まったく未知の領域だった。帝国図書館はもちろ
ん蔵書目録を刊行し、増加図書の目録を館報として定期的に刊行してい
たが、日本の出版物の目録、すなわち日本の「全国書誌」といった概念
を打ち出してしているわけではなかった。しかし、まったくゼロの状態
から国立図書館としてスタートする NDL にとっては、帝国図書館の経
験とスキルがどうしても必要だった。1945 年に死去した松本館長に替
わり、1946 年 5 月に帝国図書館長に就任した岡田 温（1902-2001）が、
NDL による国立図書館の"併合"に憤慨しながらも、金森館長の説得
に応じて 1948 年 5 月に NDL の整理局長に転出し、整理業務の責任者
となった [注17]。

　同年 7 月には、米国使節の覚書中に勧告されていたように、米国か
らの助言者としてイリノイ大学図書館長であったダウンズ（Robert
B.Downs, 1903-1991）が GHQ 民間情報教育局特別顧問として来日し
た。彼は、NDL における整理業務やレファレンスサービスについての
報告書（通称、「ダウンズ勧告」。「三十年史資料編」p.338-355「ダウ
ンズ報告書」。英文もあり）をとりまとめ、その後の NDL の書誌情報
関連業務を方向づけた。1949 年 6 月には、米国議会図書館にならった
印刷カードの作成頒布事業も端緒についている。

　また納本制度については、「三十年史」（p.187）が述べているように、
「「国立国会図書館法」という耳慣れぬ法律の一節に納本の義務が記され
ていることに関心を示すものは少なかった」。1948 年のほぼ 1 年間の
国内刊行新刊図書の納入状況は、5 千冊にも満たなかった。翌年の国立
国会図書館法の改正によって納本代償金の枠組みが導入され、出版業界
との協議の中で、紆余曲折を経ながら国内の出版物の網羅的収集への足
掛かりが整備されていくことになる。

（5）その後の NDL―1980 年代まで

　1948（昭和 23）年 6 月 5 日、NDL は赤坂離宮（現在の迎賓館赤坂
離宮）の庁舎において開館した。組織的には 5 局 1 分館（分館は国会
分館）、職員は館長以下 184 名の体制であった。もっともその 3 か月後
には、調査及び立法考査局（以下、「調査局」と省略）を除く他の局は
部の名称に改められている。1949 年 4 月の国立図書館の支部上野図書
館としての統合もあり、1949 年度末の職員の定員は、雇庸人と呼ばれ
た技術職や出納員などを定員に組み入れた 491 名であった（「三十年史」
第 3 章「組織と人事」より）。

　金森館長は死去する 1959（昭和 34）年 6 月の前月の 5 月までのほ
ぼ 11 年間館長職にあった。その前年の 1958 年 6 月の開館 10 周年の
記念式典の館長挨拶では、国立国会図書館法に図書館の輪郭はほぼ盛り
込まれ、「魂をこれに吹込んだ、あとは事務をやればよろしい」と開館
にあたりながら、「けれども実際何んにもない、いわば荒野が原に文化
の殿堂と自ら誇称するところの設備ができたわけでございますから、非
常に恥かしい次第であったわけであります。」と述懐している（「三十年
史資料編」p.359）。しかし、"設備" と表現されているものの、当時は
永田町の新施設（現在の本館）は建設中であり、NDL の施設は赤坂離宮、
調査局が業務を行う三宅坂分室（現在の憲政記念館付近）そして支部上
野図書館の 3 か所に分散していた。

　また、「三十年史」に続く館史として 1999（平成 11）年に刊行され
た『国立国会図書館五十年史』（以下、「五十年史」）に全文引用されて
いる、中井初代副館長の開館 2 年目の NDL の状況を記した「国会図書
館のこのごろ」の文章も忘れ難い。

　「立ちあがりの時は、どうなることかと思っていたが、二年半もたっ

て見れば、どうやら一つのコースに乗ってきたようである。」として、蔵書の構築、支部図書館制度、総合目録の計画等の進行状況や抱負を述べ、「大工場のような感じが時々するのである。その一技師にしか自分はすぎない、と思っている。タイプライターの音、電話の交錯、交渉、訓練等々の目のまわるような忙しさで、一日が終ってしまう」と、激務の有様を述べている。そして、深夜、予算折衝のため当時の大蔵省に出向いている職員を赤坂離宮の庁舎で一人待っていると「しみじみ自分の肩に荷なっているものの重さを思い」、「あらゆる無理解をもつらぬいて、目に見えない未来に向って、国の政治もよくなり、全日本の図書館（図書館法によってこれから生まれる一万の村々の図書館）に、わが館のカードと共に、良書が虹のように降りそそぐ時がいつの日にか来ると、私達は信じ、それに命を賭けることに日々を費やしているのである」（「五十年史」p.9-11）と書いている。"わが館のカード"とは、1949 年 6 月から作成・頒布を開始した「印刷カード」のことであろうが、中井がこの文章を書いた 1950 年度になっても大蔵省が予算を認めず、当局との苦しい折衝が続いていた。

　公共図書館の根拠法である図書館法は 1950（昭和 25）年 4 月 8 日に成立、4 月 30 日に公布されている。日本図書館協会の理事長でもあった彼は、財政的措置の欠如はありながらも、この法律が「最初の狼煙の役割」を持つものであると図書館界に呼びかけてもいた（中井正一「図書館法ついに通過せり」『図書館雑誌』1950 年 4 月号所収）[注18]。

　金森館長の退任後、1961（昭和 36）年 4 月まで空席になっていた館長職には衆議院事務総長経験者の鈴木隆夫（1904-1980）が就任、その後 2007（平成 19）年に至るまで、国会の機関であり、国務大臣クラスの位置づけをもつ NDL の館長は、衆議院と参議院の事務総長経験者が歴任することになる。中井副館長は 1952（昭和 27）年 5 月の在職中に死去、その後は歴代 NDL の職員が副館長に起用されている。

　それからのNDLにとっての年月は、国会の調査機関としても、国立
図書館としても、金森初代館長のいうところの国立国会図書館法に吹
き込まれた"魂"を"事務"として体現し、時代の動きに対応してい
くための年月として続いてきたと言えるだろう。ただし、その活動は、
他に並ぶものがない唯一の機構としての自己規定に拠るところが大き
く、外からは窺いにくい性格を持つものであったと言わざるを得ない
部分もある。

　きわめてざっくりした見方であるが、その中で大きな流れを形成して
いるのは、まずは「箱もの」としての図書館、その中でも国の出版物を
保存する国立図書館の宿命としての施設の拡充であると考えてよいだろ
う。未完に終わった帝国図書館の建築、実現さえしなかった帝国議会図
書館の建築という苦い経験を繰り返さないためか、国立国会図書館法と
同時に成立したのが国立国会図書館建築委員会法であった。この法律で
は、館長や両議院の図書館運営委員長（のちに議院運営委員長）らを構
成員とする委員会を設置して、NDLの建築について敷地の選定や建築
予算の勧告も含め国会に勧告する枠組みを定めていた（「三十年史」第
2章「本庁舎の建設」より）。

　1948年12月、第1回建築委員会が開催され、国会議事堂に隣接す
る旧ドイツ大使館の跡地を建設地の候補とする報告書が両院の議長に提
出された。しかし、用地の取得、設計競技などを経て、現在の永田町本
館の工事が開始されたのは7年後の1956（昭和31）年の時点であり、
全体の3分の1強となる第1期工事が終了して一般閲覧を開始したの
が1961（昭和36）年11月であった（図6）。第1期工事完成に伴い、
これまでの3つの施設が統合され、資料約200万冊の新庁舎への移動
が行われた。「三十年史」（p.380）では、それをもって「かくて一つの
時代、草創期は終りを告げた」としている。

（図6）建設中の NDL の本館（現在の東京本館の本館部分）
『国立国会図書館七十年記念館史：デジタル時代の国立国会図書館：1998-2018』
本編（以下、「七十年史」と略す）p.26 より
NDL デジタルコレクション
https://dl.ndl.go.jp/pid/11645818

　さらに第2期工事が実施され、全館が完成したのが 1968（昭和 43）
年 12 月であった。しかしながら、蔵書の増加、利用の急増により、
1974（昭和 49）年から別館の建設が検討され、1979（昭和 54）年に
は建築委員会の勧告により建設が確定、1981（昭和 56）年から工事が
始まり、本館と渡り廊下でつながれた新館が 1986（昭和 61）年に完成
した。そしてその建築工事と並行して、関西に国立国会図書館を建設す
るための「関西プロジェクト」が立ち上がっていたことになる。こうし
た経緯は「五十年史」序章「国立国会図書館の発足とその展開」に詳しい。

1987（昭和62）年段階で、NDLの定員は850名に達していた（「五十年史」p.739）。

　実のところ、施設の建設は単に空間的な拡張ではなく、機能およびサービスの拡充、それに伴う機構の再編および人員増を実現する契機でもあった。そして変革を推し進める原動力として、コンピュータ化による業務機械化の推進があったと言えよう。NDLが業務機械化の組織的な検討を本格的に開始したのは1960年代初頭であり、1969（昭和44）年には「業務機械化準備室」を設置、1970（昭和45）年には初めてコンピュータ機器を導入することになる。業務機械化の展開については、やはり電子図書館の前史として、第2章で概観することにする。

　また、NDLは、1950年代以降、研究者や技術者からの要求に後押しされるように外国の技術リポートや原子力関係資料、学術雑誌等の収集に乗り出し、1960年代前半には科学技術関係資料整備費として大規模な予算を確保することになった。1961（昭和36）年には関係機関からの委員による「科学技術関係資料整備審議会」を設置して館長から諮問を行い、国の科学技術政策の中での役割を踏まえて計画が策定されることになった（「三十年史」p.205-210）。日本の急激な経済成長の波に乗って、NDLは、本章（4）で紹介した国立図書館の定義の中の「代表的外国文献を大量に所蔵し新刊を収集する」という国立図書館の代表的な機能の一つをも備えることになったと言えよう。

　そして、施設の拡充計画と業務機械化の推進という二つの流れは、1990年代以降、さらに急速な変化をNDLに呼び込むこととなる。その変化を代表するのが後に述べることになる電子図書館事業である。

〈注〉………………………………………………………………………………………………

[注1]　帝国議会の初代議事堂は早くも1891（明治24）年1月に焼失し、欧米議会の視察経験がある金子堅太郎が議事堂の再建にあたって意見書「議院建築意見」を提出、その中で米国議会図書館を例に両院共通の図書館の設置を主張した。同年7月の両院書記官長による内閣への稟議は許可され、調査が行われたが、設置に必要とした経費が認められなかった。（「三十年史」p.3-5）

[注2]　「デューイ十進分類法」は米国のM.デューイ（Melvil Dewey, 1851-1931）が1871年に考案した分類法で、「日本十進分類法」（NDC）の基礎にもなった。衆議院は、東京市立京橋図書館の元職員を嘱託に招いたことにより、1920年代からこの分類法を採用した。（「三十年史」p.6）

[注3]　1900（明治33）年に衆議院は官制として図書館を設置し、図書館長が発令された（ただし、秘書課長後に庶務課長が兼務）。しかし、1917（大正6）年には図書館長の名称は廃止され、図書館は庶務課所属となった。（「三十年史」p.5）

[注4]　帝国議会の調査機関としては、貴族院事務局には1937（昭和12）年に調査課（1942年から調査部）が置かれ、衆議院事務局には1934（昭和9）年に調査課（1937年に調査部、1942年には再度調査課に改組）が置かれていた。「三十年史」（p.47）では、「国会議員の立法活動に必要な充実した調査機構が欠けていた」としている。

[注5]　エスデールの著書のタイトルは“National libraries of the world: their history, administration and public services（世界の国立図書館：その沿革、運営および公共サービス）”。1934年Grafton社（ロンドン）刊。21か国の国立図書館からの調査回答をまとめた各章によって構成され、帝国図書館（The Imperial Library of Japan, Tokyo）は最終章の21章（p.361-374）で紹介されている。

　なお、本書脱稿後の2023年4月に、長尾宗典著『帝国図書館―近代日本の「知」の物語』（中央公論新社）が「中公新書」の1冊として出版され、NDL設立までの近代日本の国立図書館の通史として充実した内容になっている。残念ながら本書執筆にあたっては、直接の参考文献とすることができなかった。

[注6]　「三十年史」p.43。本文は制定当時の条文。1948年7月5日の国会法改正により、130条は現行の条文である「議員の調査研究に資するため、別に定める

法律により、国会に国立国会図書館を置く。」に改正された。

［注7］　使節の示した NDL の基本構想（日本語への翻訳）は「米国図書館使節覚書」として日付順に編集され、「三十年史資料編」（p.314-355）に収録されている。その中には図書館運営委員会の意見を求めるための討議資料や国立国会図書館法の勧告案が含まれる。

［注8］　「米国図書館使節覚書」（前注）によると、使節団は 1947 年 12 月 20 日付で、国立図書館（旧帝国図書館。「上野国立図書館」と呼んでいる）の将来について次の 3 つの案を提示している。（イ）東京の都市図書館として発展させる、（ロ）国会図書館に合併するが、都民サービスのために蔵書は維持する、（ハ）現状を維持し、2 つの図書館の機能を明確に切り分ける。それに対し「図書館運営委員会回答」（1947 年 12 月 22 日）では、合併を目標とはするが早急の統一は困難として（ハ）を選択する回答がなされた。

［注9］　「米国図書館使節覚書」（注 7）では、1947 年 12 月 29 日付の修正事項で、上野の国立図書館は NDL の一支部図書館として運営するが、将来的には東京都に移管し、都のレファレンス図書館として発展させるべきとしている。

［注10］　「米国図書館使節報告（Report of the United States Library Mission : to advise of the establishment of the National Diet Library of Japan）」（「三十年史資料編」p.426-465）。本文で紹介したのは p.459-460 の「I National Library Service for Japan」より。

［注11］　『図書館雑誌』（日本図書館協会刊行）59 巻 8 号（1965.8）所収の羽仁五郎「国立国会図書館の創立」参照。羽仁が留学中に訪れたドイツのフライブルク大学の玄関に掲げられている聖書の言葉を、国立国会図書館法案を起草した米国使節の同意のもとに前文として加えたとする。記事中には、NDL の初代館長・副館長任命にあたっての衆・参の対立についても、羽仁の立場から記述されている。

［注12］「書誌コントロール」は『図書館情報学用語辞典　第 5 版』（丸善出版, 2022）では、「資料を識別同定し、記録して、利用可能な状態を作り出すための手法の総称。書誌調整ともいう。（中略）各館における資料組織化処理から始まって、国家や国際的な規模で標準的な書誌的記録を作成し、共同利用するための仕組みに至るまでの全体を書誌コントロールという。（後略）」と解説されている。

［注13］　英国では大英図書館（大英博物館図書館。1759 年開館）など 5 つの機

関の統合により、1974 年に現在の英国図書館（British Library）が設立された。フランス国立図書館（Bibliothèque nationale de France）の起源は 15 世紀に遡るが、ミッテラン大統領による新国立図書館設立計画等を経て、1996 年開館の新館に国立図書館機能を統合した。

［注 14］「国際連合教育科学文化機関憲章（ユネスコ憲章）／ The Constitution of UNESCO」。日本語訳は「日本国内ユネスコ委員会」（文部科学省ウェブサイト）のサイトに掲載。

［注 15］　CDNL が 1974 年に規約に取り入れた国立図書館の定義は、ユネスコが 1970 年に採択した図書館統計の国際標準化に関する勧告の用語定義をそのまま採用したもの。なお、定義中の「寄託図書館」は原文では "Deposit Library" であり、なんらかの制度により一定の範囲の出版物を網羅的に収集保存する図書館を指す（たとえばユネスコの指定を受け、その出版物を受け取って保存する場合はユネスコの寄託図書館）。国の法定納本図書館という意味で用いられる場合もあり、鈴木平八郎『国立図書館―近代的機能の展開』（1984 年丸善刊）の本定義の訳では「納本図書館」と訳されている。

［注 16］　1999 年に改正された CDNL の規約による国立図書館の定義は、「国立図書館は、おもに国から（直接または間接的に）資金を得る機関であり、その国で作成される、またはその国に関する文書遺産（主にすべての種類の出版資料）の網羅的収集、書誌記録の作成、保存、利用に責任を負うものをいう。また、国の重要なコレクションの管理、基盤の提供、その国の図書館及び情報システムにおける活動の調整、国際的な連携、リーダーシップの行使といった職務を通じて、その国の図書館が効果的、効率的に機能するよう促進する責任をも担いうる。通常、こうした責任は公式に認知されており、一般的には法律による。この定義において、国とは、独立主権国家を指す。」（日本語訳は、戸張正雄「国立図書館長会議（CDNL）に出席して」『国立図書館月報』465 号（1999 年 12 月）より）

［注 17］「三十年史」p.29 に、国立図書館長だった岡田の回想として、1948 年 1 月 8 日に文部省から米国図書館使節団の勧告を見せられ、国立図書館は NDL に併合されるべきことが記されていることを知り「大いに憤慨したがどうしようもない。」との引用があり、金森館長から「君はハムレットになってはいけない。

ドン・キホーテにこそならなければ」と「巧みな話術」で説得・懇請されたと記
述されている。

［注18］　中井正一「国会図書館のこのごろ」の初出は『朝日評論』5（11）
1950.11, p.144-145。中井正一著；中井浩編『論理とその実践』てんびん社,
1972にも収録。「図書館法ついに通過せり」は『図書館雑誌』44（4）1950.4, p.54
所収。両方とも「青空文庫」にテキストあり。

第2章
機械化と「書誌コントロール」

　運搬のための機械力利用、信号、合図のための電気力、複写の手数を省くための簡易印刷、写真技術の利用、維持保存の便の為の極小写真の応用ということも勿論、近代図書館の行き方であろう。しかし、図書館奉仕の為に機械、電気、電子力が使いだされた例として、パンチカード・システム、I・B・M、ラピッド・セレクターなども忘れてはならない。あるいは、更に、考える機械で有名なベル会社の「電子ハツカネズミ」（計算機）なども応用される様になるかもしれない。そんなことは夢の夢だという御仁には、映画でもよいから、米国農務省の農業関係書誌の編さんにI・B・Mを用いて、毎秒六五〇枚の速度で、カードを仕訳けしている光景を見せたいものである。

中村初雄「図書館の機械化」『読書春秋』第 5 巻第 4 号（1954.4）[注1] より
（句読点を一部変更）

　人類の社会的、経済的、文化的発展の基礎として情報のもつ重要性が再認識されるようになり、IFLA は数年まえから UBC（Universal Bibliographic Control の略語）と呼ぶ書誌情報のコントロールに関する計画を推進しているが、その目標は、すべての国で発行される全出版物の基本的な書誌データを、国際規準にのっとった形式で、世界のどこででも迅速に利用できるようにすることにある。（中略）世界的規模で書誌コントロールが成りたつためには、その先行要件として国内的規模での書誌コントロールが行われていなければならない。そしてその手段がまさに全国書誌であるということができる。

宮坂逸郎「全国書誌国際会議の勧告と国立国会図書館」『国立国会図書館月報』
No.208（1978 年 7 月）[注2] より

　本章の冒頭に引用したのは、1954（昭和 29）年当時 NDL の受入整理部の分類課長であった中村初雄（1911-2006）が執筆した記事の一部である。1950 年代、すでに「図書館の機械化」が関心の対象であり、写真複写、マイクロフィルム等に加え、書誌編さんのための IBM 社のパンチカードの処理システムやマイクロ写真技術を用いたラピッド・セレクター（Rapid selector）が米国においても情報処理の先端であったことがわかる [注3]。「まえがき」の冒頭で引用した中井正一の文章も、その関心を反映したものと言えよう。なお、執筆者の中村は、第 1 章で述べた NDL 創設時の衆議院の図書館運営委員長、中村嘉壽（1880-1965）の長男であり、戦前は航空機会社の技師で、戦後 NDL の司書になった。さらに教職に就き、日本図書館協会（以下、JLA）の目録委員会や分類委員会の委員長も務めるなど資料組織化関係で業績を残した。国立国会図書館法の趣旨説明で、その機能の一つを「ものを整理するところ

の元締」とした父の言葉をある意味体現したことになる。

　1940 年代から米軍事利用のために開発されてきた"電子計算機"は開発競争の最中にあり、中村のアンテナには、米国のベル研究所（Bell Laboratory）に所属していた情報理論の創始者、シャノン（Claude Shannon, 1918-2001）が製作した電子ネズミの"テセウス（Theseus）"がひっかかっていたものと見られる（図7）。電磁継電器を使い、磁石を装着した木製のネズミが迷路を解決し、学習する装置は 1950 年に公表され、人工知能の先駆けとされる（『クロード・シャノン情報時代を発明した男』筑摩書房 2019 年刊による）。"テセウス"という名称は、迷路に住む怪物のミノタウロスを退治したギリシア神話の英雄にちなんで名づけられた。

　もっとも、当時の世界が求め、競って開発が進められていたのは、"考える機械"というよりは、大量のデータを高速に処理できる汎用的な計

（図 7）クロード・シャノンと電子ネズミ「テセウス」
"Nokia Corporation and AT&T Archives"
https://www.bell-labs.com/about/history/

算機であった。そして、国立図書館にとっては、「的確にして網羅性の
ある文献情報をいかに迅速に利用者に提供するか」(「三十年史」p.498。
本章は「三十年史」最終章の第 10 章「図書館業務の機械化」(p.498-523)
の記述に多くを拠ることになる）という難問に取り組むため、業務機械
化が推進されていくことになる。

　冒頭の引用の二つめの文章は、それから四半世紀時代を下った 1978
(昭和 53) 年のものである。すでに「機械化」というよりも「情報化」
の中での書誌情報の作成と提供が大きな関心事となり、重要な時期を迎
えようとしていた。

　本章では、1990 年代までの NDL の業務機械化の進展と、その引き
金ともなった書誌コントロールへの取組みについて見ることにする。後
者では、特に「日本全国書誌」をめぐる動きとその機械可読版である
JAPAN/MARC の成り立ちを中心に見ることにしたい。

（1）機械化への道：1960 年代から 70 年代へ

　「三十年史」によれば、NDL が組織的に業務機械化の検討を開始した
のは 1959 (昭和 34) 年の「機械検索研究員」の設置からである。当
初は機械検索の調査研究を目的とし、組織としては閲覧部、後に参考書
誌部の所管であったことから、第 1 章の最後で述べた外国科学技術文
献整備の推進との関連が深かったと考えられる。その後、全館的な業務
改善に関する調査会が発足し、1960 年代初頭には、業務機械化の目的
を書誌作成に置く方向づけが行われた。1968 (昭和 43) 年までは書誌
の機械編さんの実験が行われ、その年の本館庁舎の全館完成を機にコン
ピュータを導入した本格的な業務機械化に乗り出すことになる。

　第二次大戦後、日本においてもコンピュータの研究開発は非常な勢い
で進められ、1950 年代後半には国産のコンピュータも登場し、世界で

も最先端の技術力を誇るようになっていた。大企業による機器の導入も
始まり、NDL が業務機械化の検討の起点とする 1959 年には、官庁で
はもっとも早く、気象庁予報部が IBM 社のコンピュータを導入してい
た（小田徹『コンピュータ開発のはてしない物語―起源から驚きの近未
来まで』技術評論社 2016 年刊による）。NDL がコンピュータの導入に
踏み切ることを決定するまでの約 10 年間は、途方もない機械だったコ
ンピュータがより実用性を備え、さまざまな業種でその導入が具体化す
るまでの開拓期と考えてよいだろう。1968（昭和 43）年には通商産業
省工業技術院に「電子計算機利用に関する研究会」が設置され、官庁の
コンピュータ利用に関する研究が行われ、NDL も職員を派遣している。
大学図書館においても、同じく 1968 年に国立大学図書館協議会が図書
館機械化の調査研究班を設置し、NDL もオブザーバーとして参加して
いる。同調査研究班が行った調査では、1973（昭和 48）年度時点でコ
ンピュータを導入している国立大学図書館は 10 館であった [注4]。この
時代、業務機械化は行政機関、図書館を問わず共通のテーマであり、外
部機関との情報交換や相互協力が積極的に進められたことが「三十年史」
の記述からもわかる。

　NDL は、1969（昭和 44）年、総務部に業務機械化準備室を置き、
総務部企画教養課がシステム関係の事務を担当することになった。翌年
には電子計算機室も完成、日立製作所のコンピュータ（HITAC-8400 型）
が導入され、1971（昭和 46）年から稼働を開始した。

　もっとも早く開発されたのは、国会の組織としては当然ながら「国会
会議録索引編集システム」であり、1971 年に完成、衆・参両議院の本会議、
各委員会の会議録の発言者や事項名等を入力し、索引形式で編集が行わ
れた。また、書誌編さんについては、欧文雑誌の所蔵目録編集システム
が 1971 年、和雑誌の所蔵目録編集システムが 1974（昭和 49）年に完
成し、目録情報のマスターファイルから冊子体の目録が機械編さんされ

ることになった。1976（昭和51）年には、国内刊行図書の書誌情報の入力システム、通称「和図書システム」の開発に着手、目録類の編さん、書誌情報の提供、さらにはオンライン利用へとその展開を期すことになる。納本制度によって日々蓄積される新刊図書の書誌情報のデータベース化は、機械化の本丸だったと言えるだろう。

　その間1973（昭和48）年4月には、業務機械化準備室は「業務機械化室」に改称、総務部に「電子計算課」が新設され、組織的な基盤が形成された。そして次々に機器を増強し、各種システムの開発を進めることになった。書誌作成を機械化の第一のターゲットとするNDLにとっては、漢字処理技術の実用化が不可欠であり、1970年代にはその導入において先端性を示したと言ってよかろう。総務部に置かれた業務機械化室（室の事務は、総務部企画課 [注5] が担当）が全館的な情報システムの企画・調整を行い、総務部情報処理課（総務部電子計算課の改称）が一手にシステムの開発・運用を担当するとの体制は、1990年代終盤まで変わることがなかった。

　ちなみに私が大学時代、NDLに初めて雑誌の閲覧に行ったのは、卒論の文献調査が目的だったので1974年のことだったと思う。その時は目録ホールの古めかしいカード目録で雑誌を検索した。それから何か月かたち、次に目録ホールを訪れたときには雑誌用のカード目録は見当たらず、検索台に白い表紙の『和雑誌目録』が点々と置かれており、まごついた覚えがある。さらに余談になるが、閲覧に行った時、入口の掲示板に貼りだされていた職員採用試験の募集要項が偶然目にとまり、NDLが職員募集をしていることを初めて知った。そしてその年の採用試験を受験し、翌1975年4月に新規採用職員として入館した。最初の配属先は当時の閲覧部新聞雑誌課で、中央出納台のカウンターで雑誌の請求を受け付けたり、書庫内で出納作業をしたりする側にまわっていた。今考えるとコンピュータで編集された『和雑誌目録』はNDLの機械化

の先駆けであり、私は何も知らないままその変化に遭遇していたことに
なる。そして、その後長くその変化の中で仕事をするとは、想像すらし
なかった。

（2）「国際書誌コントロール」と NDL

　本章の冒頭で引用した二つめの文章は、1978（昭和 53）年当時
は業務機械化室付の総務部司書監で企画教養課長を兼務していた
宮坂逸郎（1923-2007）が、1977（昭和 52）年 9 月にパリで開催さ
れた「全国書誌国際会議（The International Congress on National
Bibliographies）」に出席し、その勧告の内容と NDL の状況を『国立国
会図書館月報』（以下、「NDL 月報」）に執筆したものである。宮坂は総
務部に異動する以前は、整理部門で課長を歴任しており、その動きにも
書誌作成と業務機械化の深い関係がわかる。
　1977 年のこの会議は、ユネスコと国際図書館連盟（以下、IFLA）の
共催で開催された「全国書誌」をテーマとする大規模な国際会議で、
72 のユネスコ加盟国と 11 の国際機関が参加した。宮坂は「全国書誌
（National bibliography）」の説明として、「一国内で刊行された著作の
一覧、広義には、一国に関する著作、あるいはその国内または国外に居
住する一国のその国生まれの人の著作、あるいは一国の言語で書かれた
著作の一覧」との定義を引用し、狭義の意味で「平易にいえば、国内出
版物目録である。」としている。第 1 章（3）でも述べたように、1948
（昭和 23）年制定の国立国会図書館法は、第 7 条で「館長は、一年を越
えない定期間毎に、前期間中に、日本国内で刊行された出版物の目録又
は索引の出版を行うものとする。」と規定しており、NDL は全国書誌作
成機関と位置づけられていた。1977 年の会議について見る前に、まず
はそこに至るまでの経緯を見るため、NDL 創設当時に時代を遡ってみ

たい。

　全国書誌の編さんは、その国の知的営為の所産である刊行物の記録を
国民に確実に知らせるというだけでなく、国際的に知らせるという意義
をも持っていた。第1章（4）で述べたように、1945年に国際連合の
専門機関として設置されたユネスコは、永続的な平和は世界の人々の知
的な交流と相互理解の上に築かれるものであるとし、その任務の一つと
して「いずれの国で作成された印刷物及び刊行物でもすべての国の人民
が利用できるようにする国際協力の方法を発案すること。」を挙げた。

　ユネスコはその具体化のため、1950年11月には「国際書誌サー
ビス改良会議（International Conference on the Improvement of
Bibliographical Services）」をパリで開催し、勧告を行った。勧告には、
各国に書誌サービスの中心となる機関を設けること、総括的な全国書誌
を整備し出版すること、そのための法定納本を確立すること、総合目録
を整備すること等が盛り込まれた。各国レベルの全国書誌の整備、そし
てそれらを国際的なレベルで調整するといった国際書誌コントロール推
進の枠組みが提示されたことになる。

　NDLはこの会議に、日本がユネスコ加盟前（1951年9月に正式加盟）
にもかかわらず職員2名（1人は当時受入整理部長であった岡田温[注6]）
を派遣した。また、会議に先立つ1949年および1950年に米国議会図
書館（Library of Congress。以下、LCと略）が作成し、ユネスコによっ
て送付された調査報告書に対する意見書も提出していた。ユネスコは、
書誌サービス改良会議の討議原案の作成を、書誌や目録の分野でもっと
も先進的な取組みを行っているLCに委ねていた。

　LCによる検討作業は、当時の館長エヴァンス（Luther Evans, 1902-
1981）および副館長であったクラップ（第1章参照）が主導した。クラッ
プは、第1章（2）で述べたように1947年12月に米国図書館使節の
一人として来日し、国立国会図書館法の草案を作成した人物である。ま

たエヴァンスは、1953 年には LC 館長を辞任し、ユネスコの事務局長に就任、1958 年まで在任した野心的な人物であった。

　事前調査報告書として最初に送付された第 1 回中間報告書 [注7] は、研究者が求めるすべての文献を「発見し、究明し、獲得せしめ得る工夫とサーヴィス」（注 7 の p.6）として「書誌調整」（Bibliographical Control ＝書誌コントロール）を推進するための計画案を提示し、ユネスコ図書館部長名で各国の国立図書館等に送付された（図8）。その後、1949 年 12 月には 1950 年の国際会議の討議原案として『ユネスコ／米国議会図書館書誌調査　書誌サーヴィス：その現状と改善の可能性』[注8] がとりまとめられた（図9）。これらの資料は、NDL 受入整理部によって翻訳され、謄写版印刷された冊子が国内の関係諸機関にも送付された。1950 年 5 月には NDL 文献書目日本ユネスコ調査班によってとりまとめられた意見書『日本における全国的書誌調整の改良とその国際的書誌調整との関連：ユネスコの国際的書誌調整に関する国際会議の草案に対する意見書』[注9] が、ユネスコに提出された（図10）。これらの資料は、現在は「NDL デジタルコレクション」にも収録されている。

　このように、NDL の草創期は、ユネスコおよびその後ろ盾であった LC の国際書誌コントロール計画の形成期と時期を同じくしており、組織としてそのキャッチアップに努めていたことがわかる。1951（昭和 26）年 4 月には、ユネスコの書誌改良計画の受け皿を意図した書誌サーヴィス改良委員会を館内に設置し、国際交換用の目録の刊行等、いくつかの事業を行っている（「三十年史」p.482-483）。

　NDL が書誌や目録に関して託された任務は、全国書誌にとどまるものではなかった。1948 年 7 月に GHQ 民間情報教育局特別顧問として来日したダウンズ（第 1 章（4）参照）による勧告には、国内の図書館が所蔵する図書の所在を記録する全国総合目録の作成、同じく全逐次

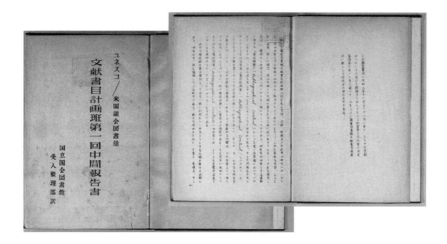

（図8）『ユネスコ米国議会図書館文
献書目計画班第一回中間報告書』
国立国会図書館受入整理部訳 ,1949. NDL
デジタルコレクション
https://dl.ndl.go.jp/pid/3000570
タイトルページおよびp.5-6［注7］参照

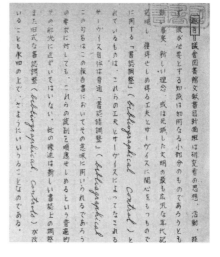

（図9）『ユネスコ米国議会図書
誌調査書誌サーヴィス：その現状と
改善の可能性』本編
国立国会図書館受入整理部訳 ,1949. NDL
デジタルコレクション
https://dl.ndl.go.jp/pid/2939199
タイトルページ
［注8］参照

（図 10）『日本における全国的書誌
調整の改良とその国際的書誌調整と
の関連：ユネスコの国際的書誌調整
に関する国際会議の草案に対する意
見書』本編
国立国会図書館文献書目日本ユネスコ調査
班，1950. NDL デジタルコレクション
https://dl.ndl.go.jp/pid/2935446
タイトルページ
［注 9］参照

刊行物の総合目録の刊行、日本の定期刊行物の記事索引の刊行等も盛り
込まれていた。「三十年史」（p.214）には、「占領下の当時にあっては
総司令部特別顧問の勧告はほとんど命令に等しく受けとられたが、その
内容が、（中略）全国総合目録、日本全国書誌、印刷カード、雑誌記事
索引等、帝国図書館以来の懸案事項を含んでいるものであったから、こ
の勧告をたんに強制としてよりはむしろ国立図書館の機能充実の指針と
して受け入れ、意欲的にその実施をはかった。」と記述されている。

　確かに NDL は真摯にそれらの任務に向き合い、1948（昭和 23）年
10 月からは納本された新刊図書の目録として『納本月報』を刊行（1950
（昭和 25）年に『国内出版物目録』、1956（昭和 31）年から『納本週報』
へと変遷）、1951（昭和 26）年には『全日本出版物総目録』（昭和 23
年版）の刊行が実現した。『全日本出版物総目録』は NDL に納本され
ていない刊行物も調査して収録し、年刊で刊行する本格的な全国書誌で
あった。また、1948 年には学術雑誌の記事の論題や著者名を採録した

記事索引の編さんも開始し、翌年3月には『雑誌記事索引』を創刊した。総合目録については、行政司法各部門の支部図書館の総合目録を1950（昭和25）年以降編さん・刊行し、1957（昭和32）年からは大学図書館等が新たに収集した洋書の目録を集積した『新収洋書総合目録』の編さん・刊行を開始した。しかしながら、国内の図書館からの期待も大きい本来の"全国総合目録"には着手できないままであった。

　課題は総合目録のみではなく、館法第7条の規定では1年以内に刊行すべき『全日本出版物総目録』は2年、3年と刊行が遅れるいっぽうで、1961（昭和36）年からは未納本資料の調査を打ち切るなど方針を変更した。初期の理想からの後退を余儀なくされたと言わざるを得ない。しかし、出版物の増加には対応するには限界があった。その中で検討が始まったのが業務機械化であり、書誌・目録類の機械編さんがその第一のターゲットに設定されたことは、きわめて当然のことだったと言える。

　ここで冒頭に述べた1977年の「全国書誌国際会議」に戻ることにしよう。なぜこの時期に、全国書誌に関する会議が開催されたのだろうか。1950年の「国際書誌サービス改良会議」の後、IFLAが中心となり、1961年に「国際目録原則（International Cataloguing Principles）」が策定され、各国の目録の制定がこの原則に基づいて行われるようになったことは、国際書誌コントロールの主眼である標準化にとっては大きな意義があった。またLCは、1960年代には、書誌情報をコンピュータで処理可能なデータとして提供するための「機械可読目録（Machine Readable Catalog: MARC）の開発に乗り出し、1966年には世界最初のMARCフォーマットを開発、1969年には磁気テープに格納したLC MARCの頒布を開始している。

　MARCフォーマットは、コンピュータでの読み取りが可能な書誌情報の交換用のデータ形式であり、書誌情報を構成する各種のデータ要素

を他のコンピュータ・システムでも処理できるように、標準的なフォーマットが開発される必要があった。MARC ファイルを入手した図書館は、もちろん自らの図書館の機械化が前提とはなるが、MARC をデータベースに取り込み、さまざまな方法で目録の作成や提供に活用できる。国際的な観点から見ても、ユネスコ憲章が求めたような情報の交換の方法が、四半世紀を経て現実化したと言える。

　図書館の書誌情報は、科学技術分野などさまざまな分野の情報ニーズの中ではその一角に過ぎず、ユネスコは、1970 年代初頭には各国の情報化の推進、国際的なネットワークの形成のための情報計画を立ち上げるに至っていた [注 10]。図書館の国際的な協力活動に対するユネスコの関与は、IFLA の活動への資金援助として行われ、1973 年には UBC（Universal Bibliographic Control ＝国際書誌コントロール）、1974 年には UAP（Universal Availability of Publication ＝出版物の世界的利用）の二つのコア・プログラムが IFLA に設置されている。また、IFLA は、1977 年には国際的な互換性を意図した MARC フォーマットとして、UNIMARC（ユニマーク）フォーマットを開発していた。

　1977 年の会議は、宮坂の文章に述べられた目的をもつ UBC の活動として開催され、機械化が進展する書誌コントロールの転換点にあって、全国書誌の要件を固め、書誌情報交換のための国際的な標準化を担保しようとするものであった。

（3）　JAPAN/MARC から 90 年代へ

　宮坂はその報告の中で、「全国書誌国際会議」の勧告に照合する形で NDL の全国書誌の現況について説明している。NDL は開発中の「和図書システム」の稼働に伴い、1977（昭和 52）年から和図書の書誌情報の入力を開始、1978（昭和 53）年 1 月からは『納本週報』の機械編集

も開始し、国内出版物の目録の刊行体系、すなわち全国書誌の体系を大きく切り替えようとしていた。そして、「将来、これを日本 MARC（機械可読目録）として磁気テープによる書誌情報の提供にまでひろげるためには、IFLA が制定した国際標準フォーマット UNIMARC にのっとる、国の標準フォーマットの制定を考えなければならない。その場合、日本の漢字情報の処理がもっとも解決の困難な問題であろう。」との記述から、この会議の開催が NDL の目下の課題とまさに同期していたことがうかがえる。

　ここからは、1978 年までを対象範囲とする「三十年史」から、「五十年史」（『国立国会図書館五十年史』）に底本を切り替えなければならない（主に「五十年史」第 5 節「全国書誌と機械可読目録」p.574-582 を参照）。NDL は 1978 年 9 月に図書館、出版、関係省庁、情報通信関係団体、学識経験者等を委員とする「ジャパン・マーク審議会」を設置、館長からの諮問である「ジャパン・マークの仕様及び利用方法について」審議を開始、1979（昭和 54）年には仕様について、1980（昭和 55）年には利用方法について答申を得た。その結果、UNIMARC フォーマットに準拠しつつ、日本語の特徴に応じて、標目（タイトル、著者名等）の漢字をカナおよびローマ字による読みと対応づけられるようにした JAPAN/MARC フォーマットを制定し、1981（昭和 56）年 4 月から磁気テープによる JAPAN/MARC ファイルの頒布を開始した。年間の頒布料金は 60 万円、発売は JLA が行った。NDL はその年の 1 月には従来の『納本週報』を『日本全国書誌　週刊版』と改題しており、JAPAN/MARC ファイルは各号に収録された国内刊行図書の書誌情報を収録し、週刊（年間 50 回）で頒布された。

　標準仕様の機械可読データである JAPAN/MARC の実現により、NDL の書誌サービスは一つの関門を乗り越えた。ただし機械化の真価が発揮されるのはそれからであり、収集対象とする多様な資料の書誌情報、こ

れまでカード目録や冊子目録として作成・維持されてきた膨大な目録類のデータベース化作業が待ち構えていた。和図書の蔵書目録については、1979（昭和 54）年から機械編さんを開始し、1985（昭和 60）年には遡及入力計画を策定、順次入力作業を行い、最後まで残った大正期の蔵書目録の入力が完了したのは 1998（平成 10）年のことであった。洋図書については、LC の MARC ファイルを導入して目録作成に活用するコピー・カタロギング・システムが 1986（昭和 61）年に稼働し、雑誌記事索引のデータベース化も 1984（昭和 59）年から開始されている。1990 年代初めには、NDL の総務部情報処理課が開発・運用するデータベースは 16 種におよび、約 600 万件のデータが蓄積されていた [注11]。

　これらのデータベースからは、JAPAN/MARC ファイル、『日本全国書誌　週刊版』などの冊子体、印刷カード等の書誌・目録類が出力され、頒布や閲覧用として利用された。1987（昭和 62）年には JLA が JAPAN/MARC の CD-ROM 版である J-BISC（Japan Biblio Disc）の開発を企画し、翌 1988（昭和 63）年に約 45 万件の和図書の書誌情報を収録、検索ソフトも付加して発売した。パソコンの普及や電子出版が話題になる中で、図書館の目録自体が電子出版物として刊行される時代となった。1990（平成 2）年の時点では、磁気テープの JAPAN/MARC を業務用として購入する機関が 39 機関であったのに対し、J-BISC は約 370 機関が購入していた。その 9 割以上が図書館で、大学図書館だけでなく専門図書館や公共図書館など幅広い館種が利用し、その後も利用の拡大を見た [注12]。

　並行して進められていたのが、オンライン検索サービスの提供である。館内ではすでに 1980 年にオンライン情報検索システム（NOREN）[注13] が稼働し、事務用のオンライン端末 9 機が初めて導入されたが、外部に対してどのように提供を行うのか、技術上、使用条件等について検討が重ねられた。1983（昭和 58）年に公衆電話網を介して外部

機関の機器からオンライン検索を行う実験を開始、1985（昭和60）年度から国会の衆・参事務局、行政・司法支部図書館、都道府県立図書館等に対してNORENのサービスを開始した。接続数は当初の8機関から徐々に増加し、1991（平成3）年には100を超えることになった。前年度にサービス方針を見直し、国会議員等も対象に加え、データベースの範囲も拡大したことによる。当時提供されたデータベースは、国会会議録索引、和・洋図書目録、和・洋逐次刊行物目録、雑誌記事索引、点字図書・録音図書全国総合目録（1986年から構築）等の10種であった（「五十年史」p.624-628）。ただし、NORENは接続先を限定したコマンド方式の検索システムであり、一般的な利用からはまだ大きな隔たりがあった。館内の来館者用の閲覧目録システムとしては、カード目録の編成をすでに打ち切っていた洋図書については1992（平成4）年にオンライン閲覧目録（OPAC）が稼働したが、和図書については J-BISC による CD-ROM 目録の提供を先行し、和図書オンライン閲覧目録の提供は1997（平成9）年から開始されることになった。和図書のカード目録（著者および書名目録）の編成は、その時点まで継続されていたことになる。

　なお、NDLの草創期に中井初代副館長がその事業化に苦心し（第1章（5））、1949（昭和24）年から開始された印刷カードの作成・頒布事業は、1980年代初めには500万枚近い頒布があったものの、図書館の機械化の進展により急速に受注が減少し、1997（平成9）年度で終了となった [注14]。

　1990年代、オンライン化への要請は、検索サービスのみでなく、業務システムのオンライン化へと拡大し、逐次刊行物受入のチェックインシステム、和図書のトータルシステムといったNDLの収集・整理業務の基幹的なシステムの開発が行われることになる。開発にあたっては業務機械化室の下に班を設置して、各業務の担当者が業務工程のシステム

化について検討することが通例だったが、実際の業務工程が複雑なうえ、開発を担当するのは情報処理課の限られた経験ある職員で、稼働までにはかなりの期間を要することが多かった。大型汎用機から分散処理へとコンピュータ・システムのトレンドも変わりはじめ、機械化の時代はそろそろ次の変化を求められていたと言わざるを得ない。それにかぶさるように、次章で述べる電子図書館の新しい挑戦が始まろうとしていたのである。

（4）　機械化時代の光と影

　本章の最後に、「三十年史」が業務機械化の目的意識として掲げた「的確にして網羅性のある文献情報をいかに迅速に利用者に提供するか」（p.498）という問いに立ち返り、その成否を少し検証してみたい。ただし、あくまでも個人的な視点であることをお断りしておく。

　「的確にして」という部分については、かなりポイントが高いだろう。NDL の書誌コントロールは本章（2）で述べたように国際書誌コントロール活動の直系であり、国際的な標準を意識的に取り入れ、MARCフォーマットの制定、JLA による目録規則等の検討への関与を通じて日本の全国的な標準化活動をリードしてきた。和図書については、著者名や主題を表す件名を統一する典拠コントロールを重視し、典拠ファイル自体の提供も行ってきた。所蔵資料の書誌情報や関連するデータを整備しデータベースとして蓄積してきたことは、国立図書館の蔵書と確実に結びづく価値ある情報資産の形成であり、所蔵資料へのアクセス手段の整備ということでは「網羅性」の追求にもポイントを入れてよかろう。

　ただし、全国書誌としての網羅性については、初期の『全日本出版物総目録』が行ってきた未収資料の調査を中止し NDL の収集資料の収録に絞ったことで、「日本全国書誌」と納本図書館としての NDL の蔵書

目録が一本化することになった。そして『全日本出版物総目録』を改題した『日本全国書誌』の年刊版は昭和52年版が1982（昭和57）年に刊行されただけに終わり、『納本週報』に替わって1981（昭和56）年から刊行された『日本全国書誌　週刊版』が、1988（昭和63）年に"週刊版"を削った『日本全国書誌』に改題されている（「五十年史」p.518-521）。NDLは時に応じて「日本全国書誌編さん実施方針」[注15]を見直し、収録対象や編集方式を変更してきた。もちろん非図書資料など収録対象の増加はあったが、編さん方針の見直しは、NDLが旗印に掲げる「全国書誌」という理念と実情をすり合わせ、どのように整合性をもたせるかに力点が置かれていたようにも見える。

　また、網羅性の観点で全国書誌を補完する意義をももつ全国総合目録については、ようやく1991（平成3）年に業務機械化室に「ネットワーク研究開発班」が設置され、検討が開始されている（「五十年史」p.600）。すでに1986（昭和61）年には学術情報センターが目録所在情報サービス（NACSIS-CAT）を立ち上げ、大学図書館の分担目録作業による総合目録の構築に着手していた。NDLの総合目録事業がどのように具体化していくかについては、次章以降で見ることになろう。

　最後の「いかに迅速に利用者に提供するか」という部分は、もっとも疑問符のつく部分であろう。NDLの整理部門は、資料が刊行あるいは収集されてから書誌情報が完成するまでの時間差である"タイムラグ"に常に苦しんでいた。機械可読化のための入力作業は、作業の迅速化を実現するものでなく、むしろいかにその作業を業務の流れに組み込むかを新たな課題にしたと言えよう。和図書の整理に絞って見るならば、1980年代は記述担当の係が仮カードを作成し、続く係が仮カードを貼り付けたデータシートに書名や著者の標目を記入し、さらに分類・件名の係が主題作業を行うといったいくつもの係にわたる流れ作業が行われていた。最後に「総合調整係」という係が「日本全国書誌」1号分のデー

タシートをとりまとめ、情報処理課に渡し、常駐しているパンチャーに入力してもらい、打ち出されたゲラとデータシートを突き合わせて何回かの校正作業を行うという手作業とバッチ処理の世界だった。

　また、"タイムラグ"は資料が刊行されてから納本されるまでの期間にも左右され、NDL は民間出版物については納本の効率化のため、新刊書を書店に配本する大手取次 2 社（現在は（株）トーハンと日本出版販売株式会社）に新刊図書の納本の窓口を依頼していたが、即日で資料が運び込まれるわけではなかった。前述した 1977 年の「全国書誌国際会議」の勧告には、CIP（Cataloging in Publication.　出版前の図書に目録情報を印刷して出版する）の検討が含まれており、すでに英米や西ドイツでは導入されていた。宮坂の記事には、日本では早急な実現を望めそうもないにしても、出版界と協力して可能性を検討すると記述されている。出版前に書誌情報の作成が可能になれば、"タイムラグ"の抜本的な解消になる可能性もあったが、具体化することはなかった。

　また、取次会社自体も、書籍の流通のためにはその書誌情報が必須であるため、それぞれの MARC を開発していた。新刊書がもっとも早く集積される取次会社のもとで作成される民間流通 MARC は、ほぼ刊行と同時に書誌情報が入力され、図書館に対しても販売された。そのため、"タイムラグ"を解消できない JAPAN/MARC は、全国書誌データであり官庁出版物など非商業出版物のデータも収録するなどの優位性を持ちながら、普及度においては民間流通 MARC に水をあけられる状況が顕著になっていった [注 16]。

　さて、当時私が何をしていたかについても書いておくと、1979（昭和 54）年には閲覧部新聞雑誌課から逐次刊行物部外国逐次刊行物課に異動し、最初は洋雑誌等の受入（チェックイン）の係に配属され、次いで外国逐次刊行物の目録担当となった。チェックインは、カーデックス

と呼ばれる金属のキャビネットから該当する雑誌の記録用カードを引き出し、新着の巻号を書き入れる方式で、機械化はまだ先の話だった。目録もカードに英文タイプで打ち込んで記入しており、その目録カードを欧文雑誌目録用の入力作業にまわしていた。課の同僚には同年配の女性が多く、今でも仲の良い友人関係が続いている。

次に異動したのが収集整理部国内図書課で、1983（昭和58）年のことだった。すでに1981年にはJAPAN/MARCの頒布も始まっており、配属先は和図書の入力業務の元締めである総合調整係で、この時初めて機械化の現場を体験することになった。係の業務は基本的に書誌情報の校正と最終チェックで、『日本全国書誌　週刊版』およびJAPAN/MARC1号分にあたる週間単位でサイクルを回していた。10人程度の係で手分けし、情報処理課に常駐しているパンチャーによって入力され、出力されたゲラをデータシートと突き合わせて校正していた。校正途上で見つかった疑問点を担当係に確認しにいくことも多かったので、課内では煙たがられている係だった。最終的には週刊版の形式でゲラが出され、それも各人に振り分けられて通勤の電車の中で素読みをすることが日常的だった。校正洩れは絶対なくならないもので、校了前の訂正は当番が電子計算機室に行き、パンチャーに漢字入力機を操作してもらい、修正されたかを画面で確認した。当時の漢字入力機の鍵盤には、漢字やカナ、アルファベットなどがぎっしり排列されており、素人に操作できるものではなかったが、雑誌記事索引を担当している索引課の職員は自分で漢字入力機を操って校正を行っていた。版下段階での文字コードにない漢字のゲタ処理も手間がかかるものだった。

当時の総合調整係には、個人的な名前をあげるのは差し控えるが、その後のNDLでの勤務の中で、私の上司になったり、私が後任として業務を引き継いだりすることになる後の幹部職員（その時点では中堅職員）が何人も配属されていた。少し遅れて、参考書誌部科学技術資料課から

田屋裕之も係に異動してきたが、彼の名前は次章で登場するので、ここでも紹介しておく。それだけこの係が書誌情報提供の最前線だったということかもしれない。

　1986（昭和 61）年には、新館の完成に伴う機構改革によって、収集整理部国内整理課は再編され、"和の流れ"と呼ばれていた和図書の整理フローは収集部国内資料課と図書部図書整理課に部をまたぐことになった。私は図書整理課内の分類件名係に移り、和図書の書誌データに「国立国会図書館分類表（NDLC）」、「日本十進分類法（NDC）」および「国立国会図書館件名標目表（NDLSH）」による分類記号や件名標目を付与する主題作業をすることになった。1988 〜 89（昭和 63 〜平成元）年には米国のカリフォルニア大学バークレー校に派遣職員として滞在し、日本語資料の整理を担当したり、1995（平成 7）年から 3 年ほど人事課に異動したりはしたが、結局は図書整理課に舞い戻り、分類件名係長や課長補佐として仕事をしていたことになる。

〈注〉···

[注1] 中村初雄「図書館の機械化」『読書春秋』第5巻第4号, 1954.4, p.12-13。『読書春秋』は春秋会によって刊行されていた雑誌（1巻1号（1950.4）- 9巻12号（1958.12））。春秋会は金森館長を会長として任意団体として発足（1956年から財団法人）、NDL内に置かれていた。（「NDLデジタルコレクション」送信サービス資料。なお、本書における「NDLデジタルコレクション」収録資料の公開範囲は2023年4月末時点のもの。）

[注2] 宮坂逸郎「全国書誌国際会議の勧告と国立国会図書館」『国立国会図書館月報』（208）1978.7, p.2-13。『国立国会図書館月報』は、NDLの館報として1961年から継続刊行。各種業務報告、広報記事、例規類の改正、主な人事等、NDLの動向が把握できる。本書では掲載記事を引用・参考資料として多用している。以下、「NDL月報」と略す。「NDL月報」はNo.517（2004年4月号）以降は「NDLデジタルコレクション」でインターネット公開（それ以前の号は館内限定公開）。

[注3] 中村初雄は注1よりも早く、『びぶろす』（v.2, no.8, 1950.8, p.5-7）に「図書館奉仕の機械化」を執筆しており、機械化の実際（ラビッド・セレクターについての説明等）はこちらの記事のほうが詳しい。『びぶろす』（v.1, no.1（1950.1）- v.49, no.8（1998.8）、以後電子雑誌に移行）は、NDLの支部図書館・専門図書館連絡誌。（「NDLデジタルコレクション」送信サービス資料）

[注4] 細野公男「日本における図書館機械化の特徴」Library and information science. No. 14, 1976, p.211-227 より。

[注5] 当初業務機械化の事務を担当した総務部企画教養課（館務の合理化の企画・調査研究のほか職員研修も担当していた）は、1984（昭和59）年4月に同部企画調整課に改組（職員研修は人事課等に所管を変更）、さらに1986（昭和61）年6月の機構改革時に同部企画課に改称、館の将来計画、館務の合理化および庁舎の新営の企画を担当することになった。

[注6] 岡田温受入整理部長および市川泰治郎国際業務部長（「三十年史」p.482）。岡田温については第1章（4）参照。

[注7] NDL受入整理部訳『ユネスコ／米国議会図書館文献書目計画班第一回中間報告書』および『同　第二回中間報告書』1949。「(NDLデジタルコレクション」

info:ndljp/pid/3000570・3000571　送信サービス資料)

[注 8]　NDL 受入整理部訳『ユネスコ／米国議会図書館書誌調査　書誌サーヴィ
　　ス：その現状と改善の可能性』1950。本編のほか附録もあり。(「NDL デジタル
　　コレクション」info:ndljp/pid/2939199・2939200　送信サービス資料)

[注 9]　NDL 文献書目日本ユネスコ調査班編『日本における全国的書誌調整の改
　　良とその国際的書誌調整との関連：ユネスコの国際的書誌調整に関する国際会議
　　の草案に対する意見書』1950。付録として『日本における文献書目サーヴィス：
　　実情と分析』あり(「NDL デジタルコレクション」(info:ndljp/pid/2935446・
　　2935447　送信サービス資料)。調査班のメンバーは、中井副館長、岡田受入整
　　理部長、市川国際業務部長その他若干の NDL 職員、日本図書館協会の有山崧事
　　務局長、東大附属図書館の河合博司書官。金森館長による序文には、報告書翻訳
　　を送付した国内諸機関(約 250 か所)からは時間の制約もあって顕著な反応があっ
　　たとは言えないが、「わが国の書誌調整が国際書誌調整との関連の下に整備され
　　るべきであるという結論には、誰一人として反対するものがないばかりか、誰一
　　人として満腔の賛意を表さないものはないのである。」と記されている。

[注 10]　ユネスコは情報計画として、1972 年に科学技術情報を対象とする
　　UNISIST（World Science Information System ＝世界科学情報システム）、74
　　年には NATIS（National Information System ＝全国情報システム）に着手した
　　が、両計画は 76 年に新設の GIP(General Information Program ＝総合情報計画、
　　PGI とも略される）に統合された。

[注 11]　田村貴代子「国立国会図書館の業務機械化の現状について」「NDL 月報」
　　(346) 1990.1, p.6-13 より。遡及入力の終了については、NDL 図書部書誌課「和
　　図書遡及入力作業の終了について」「NDL 月報」(456) 1999.3, p.2-9。

[注 12]　1990 年時点の JAPAN/MARC および J-BISC の頒布数は[注 11]田村より。
　　「五十年史」(p.579-580) には、J-BISC の価格はディスクが 14 万円（年 4 回更
　　新）で有料の検索ソフトとマニュアルがあり、「平成 10 年（1998）には、約 1,100
　　機関が利用するなど、広く JAPAN/MARC データの普及につながった。」と記述
　　されている。

[注 13]　「NOREN という名称は、National Diet Library Online Information
　　REtrieval Network System の頭字語から名付けられたもので、実体は（株）日

立製作所の製品である ORION、さらにはそのルーツである英国バッテル研究所の BASIS システムに当館のデータベースを搭載したものである。」(五十年史」p.617)

[注14] 「国立国会図書館印刷カード半世紀の足どり―作成頒布事業の終了」「NDL月報」(446) 1998.5, p.24-27。

[注15] 「全国書誌編さん実施方針」は、JAPAN/MARC の頒布開始に合わせ 1980年(昭和55)年に策定され、1987(昭和62)年、1997(平成9)年に改訂されている。(「五十年史」p.518-524)

[注16] 書誌情報の"タイムラグ"の縮減については、2000年代以降、納本スケジュールや整理フローの見直し、検索システムにおける完成前の書誌情報(インプロセスデータ)の公開等、各種の対策が進められている。

第3章
1994年の電子図書館

　さまざまな局面の電子化はそれぞれ重要ではあるが、中でも最も重要なのは、資料の電子化と電子的形態による提供だと思う。それこそが、図書館の最も基軸的な部分での電子化であり、電子的情報流通の時代に、紙の時代に図書館が果たしてきた役割を果たすことができる方法ではないかと考えるからである。

田屋裕之『電子メディアと図書館』所収「人間の顔をした情報化に向けて」より
（勁草書房 1989 年刊行）p.267

　このようにインターネットは電子図書館と呼べる内容をかなりもっている。しかし、理想的な電子図書館とは、次章以下で述べるように、単に図書や雑誌論文などを電子形態で持っているだけのものではなく、それらの情報に構造を導入することによって高度な検索を行い、柔軟性のある情報提供を行うものである。そういった観点からするとインターネットはその入口にいるシステムであると見ることもできる。

長尾真『電子図書館』（岩波書店 1994 年刊行　新装版 2010 年刊行 p.15）

　NDLの「五十年史」（1999（平成11）年刊行）の第8章（p.585-648）は「業務機械化から情報化へ」と題され、本書第2章で追ってきた図書館の機械化が情報通信技術の発達によって深化し、「電子図書館」の構想が策定されるまでの経緯を記述している。しかし、ここでは「五十年史」からはいったん離れ、「電子図書館」という言葉はどのあたりから登場したのか、どのように考えられ、現実のかたちを帯びていったのかを追ってみることから始めたい。

　冒頭の引用文は、NDLの電子図書館のキーパーソンだったとも言うべき二人、田屋裕之（1953-2013）の1989（平成元）年刊行の著書、そして長尾真（1936-2021）の1994（平成6）年刊行の著書から、電子図書館の時代の幕開けを示すものとして引用した。本書では、長尾の『電子図書館』が刊行された1994年をいろいろな意味でその起点と捉え、まずはその前夜となる1980年代の動きを見る。そこでは、NDLの新しい施設計画である関西館構想についても述べなくてはならない。そして1994年当時の電子図書館を巡るさまざまな言説、さらに実験や協力の取組みを振り返り、次の章で扱う1998（平成10）年の時点につないでいきたい。

（1）その前夜―1989年の電子図書館

　"電子図書館"という言葉を探して、まずは本章冒頭に掲げた田屋裕之の著書『電子メディアと図書館』を見てみよう。田屋は東京都出身、1976（昭和51）年に早稲田大学政治経済学部を卒業、職員採用試験を経て同年4月にNDLの職員となり、電子出版や当時の"ニューメディア"と図書館の将来、諸外国の電子情報政策等に継続的な関心を寄せ、NDLの刊行物や情報関係の専門誌に掲載した論稿類を収録して本書を刊行した。刊行当時は図書部図書整理課の係長だったが、その前の専門

資料部科学技術資料課におけるレファレンスや編集の経験が大きかったと思われる。彼は 9 年後の 1998（平成 10）年には「国立国会図書館電子図書館構想」を策定する責任者になるのだが、1989 年段階の同書には、電子図書館という語はかなり限定的にしか登場しない。

　同書で田屋が紹介している「電子図書館の概念」とは、「文献を電子的な媒体に蓄積し、オンラインで要望される文献依頼を受けて、電子ドキュメント・ファイルから文献を取り出し、ユーザーに光ファイバーや衛星通信などの高速デジタル回線を通じ、もしくは公衆回線でファクシミリで伝送するというシステム」（p.45）である。つまり、電子的な文献提供サービス＝ドキュメント・デリバリーを目的とするものとみなし、具体例として、1986（昭和 61）年に設立され、契約者に対して記事情報を配信する株式会社エレクトロニック・ライブラリー（ELNET）のサービスを挙げている。さらに、「現在構想されている電子図書館型のサービス」として、「国立国会図書館が検討している第二国立国会図書館構想」にも言及してはいるものの、「構想、基本調査の段階にとどまる」としている。この "第二国立国会図書館構想" が、次項（2）で述べる関西館構想である。

　冒頭の引用のように、田屋は積極的な電子化への関与を図書館の方向性とし、資料の電子化がその基軸であるとの考えを述べている。ただし、1980 年代末の段階では、「電子図書館」という言葉でその取組みを表現するまでには至っていなかった。この時点で、「高速デジタル回線」は、電子ファイルを伝送する機能は期待されるものの、電子情報そのものがその場で閲覧でき、高精細な画像さえ入手できるようなものとしてはいまだ想定されていなかった。情報スーパーハイウェイ構想に代表される通信インフラの整備が国際的な潮流となり、インターネットの高波が押し寄せる前夜であったと言ってよかろう。

　なお、田屋は本書に先立つ 1987（昭和 62）年に、米国の F.W. ラン

カスター（Lancaster）による『紙からエレクトロニクスへ』（原著は
1982年刊。日本では日外アソシエーツ刊）を翻訳している。ランカス
ターの著書は、テクノロジーの時代に図書館および図書館員はどのよう
に変容するのかを分析・予測したもので、ペーパーレス社会の到来によ
り、印刷物に依存した現在の図書館が消滅する可能性を示唆する挑発的
な内容である。1989年刊行の自著『電子メディアと図書館』では、田
屋はランカスターの予測に対し、「図書館は残る」との「確信」（p.103）
を打ち出している。そして「その時の図書館はエレクトロニクスにかな
り依存した図書館であるだろうが、古い蔵書ももち、蔵書に基づくサー
ビスも行う「四つの壁」のある図書館であろう。」と述べているのが興
味深い。図書館・情報科学の先端的な学者である原著者のランカスター
に対し、田屋の現役の図書館員としての現実感や配慮を感じとることも
できるのではなかろうか。

　田屋の著書は、"図書館"と"電子メディア"が対置されたそのタイ
トルに見るように、ランカスターと同様、情報革命の時代、電子メディ
アによって図書館や図書館業務がいかに変貌するかについて論じる傾向
が強い。その中で、図書館が展開する能動的な電子的サービスのイメー
ジは、かなり広域に、予測的な断片として示されていたように感じられる。

　蛇足ではあるが、NDLの中堅職員が、自著を出版する、またペーパー
レス社会の図書館といった刺激的な翻訳書を出版することは決して一般
的なことではない。田屋は組織の中では先鋭的なタイプであったと言わ
ざるを得ない（図11）。

（2）NDLの関西館構想

　『電子メディアと図書館』において田屋が言及している"第二国立国
会図書館構想"は、関西にNDLの新しい施設を建設する構想である。

（図 11）田屋裕之
JEPA（日本電子出版協会）定例会「電子
出版をめぐる国立国会図書館の最新動向」
1998 年 8 月 3 日出席時
「ASCII デジタル jp× デジタル」より
https://ascii.jp/elem/000/000
/312/312459/

　文化拠点の誘致をはかる近畿圏からの強い要請を受け、1982（昭和 57）年には、関西プロジェクト調査会が設けられ、1987（昭和 62）年には、京都府・大阪府・奈良県にまたがる丘陵地帯に開発が企図されている関西文化学術研究都市に新施設を設置するとの答申 [注1] が示された。

　NDL は、第 1 章（5）で述べた 1968（昭和 43）年の永田町庁舎の全館完成以来、同じく第 1 章（2）で述べた支部上野図書館を除いて、国会議事堂と一つ道を隔てたこの施設ですべての業務を行ってきた。しかし、納本制度によって国の出版物をすべて収集する使命を持つ国立図書館にとって、増加するばかりの蔵書の収蔵施設の確保は宿命的な課題である。永田町庁舎に隣接した敷地に 1986（昭和 61）年に新館が完成した翌年、早くも次の収蔵施設の予定地が、この答申で決定づけられたことになる。

　ただし、今回の計画は単なる施設計画ではなかった。東京と関西に遠く離れた二つの施設がどのように機能分担し、一体として新しいサービスを提供し得るのか、1988（昭和 63）年には関西館（当時は仮称）の「第一次基本構想」が、1991（平成 3）年には「第二次基本構想」が策定された [注2]。

　第一次基本構想の冒頭の「要旨」は、NDL が「わが国唯一の国立図

書館としての任務を全うするためには、東京の現本館に加えて、ニューテクノロジーを最大限に活用した新たな施設を関西文化学術研究都市内に設置する必要がある」とし、「本館と関西館は、それぞれ特徴ある機能を持ちつつ、相補って一個の有機体として活動する」とうたっている。そして、関西館は、①NDLの情報処理センター、②貸出・複写センター、③資料の保存、④利用サービスの四つの機能を有し、本館とともに図書館協力の一翼を担うとされている。

　二本の構想を文献の電子化と電子的提供に絞って見るならば、第一次基本構想では、関西館で「利用頻度の多い国内資料（特に逐次刊行物のコア資料）について電子化」を行い、「フルテキスト電送」も行うとし、電子化における著作権への配慮、電子的送信のための著作権上の問題の解決の必要性について触れている。また、第二次基本構想で述べられている「電子文献提供サービス」も、第一次基本構想と同様に「国内刊行の主要な雑誌論文等の本文を収録した全文データベース」によって実施するとしている。

　これらの構想には、関西館の文献提供機能を表わすために、"情報図書館"[注3] という語は使われても、"電子図書館"という語はまだ使われていなかった。「電子文献提供サービス」は、本章（1）で田屋が述べた「電子図書館の概念」とほぼ重なり合うものではあったが、NDLは、書誌情報の提供なども含めたより広いサービスを"情報図書館"という言葉で表現しようとしたのかもしれない。NDLが"電子図書館"を標榜する事業に乗り出していくのは、第二次基本構想の3年後の、1994（平成6）年のことになる。

（3）Electronic Library と Digital Library

　ところで、日本語の「電子図書館」は、英語における、"Electronic

library" および "Digital library" の両方に対応づけられている。日本において先立って紹介された語は "Electronic library" であると考えられ、本章（1）で述べた ELNET のサービスが 1986（昭和 61）年に立ち上げられた翌年、松村多美子と緑川信之の共訳で出版された Kenneth E.Dowlin 著『エレクトロニック・ライブラリー』（丸善刊。原著は 1984 年刊）では、日本語タイトルにも原著のタイトルがそのまま使われている。Dowlin の述べる "エレクトロニック・ライブラリー" は、「できるだけ広範な情報へのアクセスと、情報資源の拡大と管理のために電子技術を利用することを義務づけられた施設」（p.31）であり、範囲の広い図書館機能の電子化を意図している。

　その 7 年後、やはり米国の図書館情報学の権威、M.K. バックランド (Buckland) が 1992 年に刊行し、1994 年に髙山正也と桂啓壯の訳によって出版された『図書館サービスの再構築』（勁草書房刊）では、"Electronic Library" は "電子図書館" と訳されている。同書においては、"紙メディア図書館（Paper Library）"、"機械化図書館（Automated Library)、そして "電子図書館（Electronic Library）" は、図書館の三つの類型を示すキー概念であり、明快な訳語が充てられる必要があった。そして、その時点ですでに日本語として "電子図書館" という語が定着し始めていたこともあると考えられる。

　ちなみに、バックランドは、電子図書館という用語を、「文献や紙などのように利用する際に場所的制約を受けるメディアではなく、電子メディアを扱う図書館を指し示す語として使用する」（p.63）としている。ここでの電子図書館は、利用者に提供するメディアの変容によりサービスの再構築を迫られるこれからの図書館の姿を類型化したものと捉えられる。

　『図書館サービスの再構築』が日本で刊行された 1994 年、冒頭で引用した長尾真の著書『電子図書館』（岩波書店刊）も刊行されている。

これまで挙げた著作が図書館情報学関係者によるものであるのに対し、長尾は当時京都大学工学部教授、言語処理、図像処理等の研究の第一人者であった。そして、図書の情報構造を分析し、電子化の特質を活かしてハイパーテキスト化によって実現しようとする電子図書館システムは、"エレクトロニック"ではなく、まさしく"Digital library（ディジタル・ライブラリー）"であった。長尾は、1990（平成2）年から、図書館情報学分野の原田勝（1944-2004）らと電子図書館研究会を開いて検討を重ね、電子図書館のプロトタイプシステムとして、「アリアドネ（Ariadne）」の開発を進め、1994年には公開実験も行っていた。

　なお、第2章（1）で述べたように、情報理論の創始者であるクロード・シャノンが、1950年に製作した迷路を解決する電子ネズミは、"テセウス（Theseus）"と名づけられていた。アリアドネは、テセウスがミノタウロスを退治して迷宮を脱出できるように、糸玉を渡して手助けしたクレタ島の王女の名前である。冒険者のテセウスに対して、迷路の構造を糸によって導くアリアドネの名前は、1990年代に構想されたハイパーテキストとして情報をつなぐ電子図書館のシステムにふさわしかったと思われる[注4]。

　しかし、同書はそれだけでなく、1994年時点のインターネットの動向をわかりやすく紹介し、その電子図書館とも呼べるような性格を論じていることでも先駆的である。冒頭に引用した二つめの文章は、長尾が考える電子図書館の蔵書は、従来の図書や雑誌論文といった単位に縛られることなく、さまざまな単位に構造化され、検索し得るものであり、世界中から関連する情報を収集できるインターネットとの類似性を指摘したものと言えよう。さらには、電子コンテンツを構造化した電子図書館システムだけではなく、文献の収集から組織化、提供、レファレンスサービスに至るまでの図書館全体の機能を考察の対象にするなど幅広い視野を持っている。

　同書は、長尾が初めて国会の外からの館長として NDL 館長（在任期間 2007 年 4 月〜 2012 年 3 月）に就任後、2010（平成 22）年に新装版として岩波書店から増補刊行された。新装版では、著者・出版社など知識の流通過程をすべて包含する、いわゆる "長尾構想" が提案され、社会的な機構としての電子図書館のビジョンが示されている。

（4）1990 年代前半の情報環境と図書館

　しかし、ここで一挙に 2010 年代に跳んでしまうわけにはいかない。もう一度 1990 年代に戻り、電子図書館という用語が脚光を浴びる時点、そして NDL の 1994 年を見てみよう。

　1990 年代前半は、異なるネットワーク間を相互接続するインターネットの仕組みが確立され、従来の研究利用から一般利用へと門戸が広がり、情報流通の広大なハイパースペースが開放されたことで情報の世界は大きな転換点を迎えた。米国のクリントン政権のゴア（A.Gore）副大統領が 1993 年に提唱した情報スーパーハイウェイ構想は、全米情報基盤（National Information Infrastructure: NII）から、世界情報基盤（Global Information Infrastructure: GII）の提唱へと拡大され、情報通信のためのインフラストラクチャーの構築が国際的な政策課題として認識されることになった。そして、多くのインターネット上の情報提供の仕組みが開発される中で、ワールド・ワイド・ウェブ（World Wide Web。WWW、Web（ウェブ）とも略される）が、無限の可能性を持つ情報提供のツールとして登場したことが、情報環境に決定的な変革をもたらしていく。

　そこで問題になるのが、その環境で何を実現するのかということである。ゴアが 1991 年に発表した「グローバル・ヴィレッジのためのインフラストラクチャー」（浜野保樹監修・訳『GII 世界情報基盤』ビー・エヌ・

エヌ1995年刊所収）には、図書館に行って本のタイトルをコンピュータで検索するだけでなく、「もっと高速のネットワークがあれば、家にいる子どもたちのもとに本を、挿し絵から何から何まですべて送ることも可能なのだ」と述べられており、図書館が情報の供給源として例示されている。いくら環境が整っても、コンテンツ自体が貧弱で信頼性の乏しいものでは意味がない。知的資源を蓄積し、人々につなぐ社会的役割を持つ図書館が、コンテンツ供給の有力な選択肢として着目されるのは当然のことであったと言えよう。

　先駆的な例として、米国議会図書館（LC）は、1990年に歴史的資料、テキストのみではなく地図、写真、音盤、映画フィルム等を電子化し、書誌情報にあたる二次情報を付加し、あるテーマに沿って編集する"American Memory（アメリカン・メモリー）"作成のパイロット・プロジェクトを開始、当初はCD-ROM等のパッケージ系媒体に記録し、主に教育目的で配布していた。1994年、LCは「アメリカン・メモリー」をインターネットで公開、大きな反響を呼ぶことになる。その費用は多くは民間からの寄付で賄われ、1994年からは5年計画の"National Digital Library Program（NDLP）"を開始、LCの予算と寄付によりLC所蔵の米国の文化資産を電子化した。「アメリカン・メモリー」は、図書館による所蔵資料の電子化計画に有力なモデルを提供したと言えるだろう。ほかにも1994年以降、米国では多額の研究予算が割り当てられ、さまざまな電子図書館プロジェクトが推進されていた [注5]。

（5）電子図書館の協力事業

　日本にも情報インフラ整備の動きは波及し、当時、電気通信事業を所管していた郵政省、そして情報産業を所管していた通商産業省（通産省）は1993年度の補正予算および1994年度予算で情報通信政策の推進の

ための多様なパイロット事業を予算化した。通産省には 93 年度補正予
算で電子図書館のシステム開発として 17.5 億円という多額の予算が割
り当てられ、NDL に対して事業への協力を要請した。

　「五十年史」（p.642）には、通産省は「公的分野の情報化促進を図る
ことで社会全体の情報化の起爆剤としようと考えており、対象となる公
的分野の中に図書館を位置付け、電子図書館をひとつの重要なアプリ
ケーションと考えていた」と記述されている。協力要請は唐突なことで
はなく、関西館の基本構想の策定や推進のため、NDL が関係する行政
機関や情報機関と意見交換を行ってきたことも背景になっている。こう
して「パイロット電子図書館プロジェクト」が電子図書館実証実験とし
て開始されることになった

　「NDL 月報」No.421（1996 年 4 月）の掲載記事「「パイロット電子
図書館」プロジェクト―未来型図書館の構築に向けて」（総務部業務機
械化室）には、図書館としての蓄積はあるが「情報化時代の利用者の
要請にこたえられる技術を充分に身につけていない」NDL と、「システ
ム技術の開発を担当する通産省」が協力することは、関西館設立を計
画している NDL にとって「実に適切な時期に良き協力者を得ることが
できた」とし、「二人三脚」にたとえている。端的で率直なたとえであ
ると言えよう。プロジェクトの実施は、通産省の特別認可法人であっ
た情報処理振興事業協会（IPA: Information-Technology Promotion
Agency）に委託され、1994 年 4 月に当時逐次刊行物部雑誌課の課長
補佐であった田屋裕之が IPA に出向し、事業を担当することになった。

　当時 IPA に所属して田屋とともに仕事をし、後に選考採用試験を経
て NDL の職員となり、電子図書館事業や情報システム関連業務の中心
人物となる中山正樹は、「NDL 月報」No.648（2014 年 3 月）の執筆記
事「国立国会図書館のサービスシステムの歩みと新たな方向性の模索―
電子図書館事業 20 年を迎えて」で NDL の電子図書館の歩みを振り返り、

将来を展望しているが、このプロジェクトが開始された 1994 年を起点に、2014（平成 26）年を NDL の電子図書館開始から 20 年と位置づけている。「IPA パイロット電子図書館プロジェクト」(以後、IPA パイロットと呼ぶ) は、多様な資料を電子化し、利用提供の実験システムを構築し、検証することで、初めて NDL の電子図書館への扉を開いたことは疑う余地がない。その概要は本章（7）で述べる。

　さらに電子図書館が、国の情報化政策としてオーソライズされたのは、1995（平成 7）年 2 月にブリュッセルで開催された G7 各国による「情報社会に関する関係閣僚会議」であった。『通信白書　平成 7 年度版』によれば、同会議は、世界的な情報通信基盤の重要性をアピールし、G7 各国が共通のビジョンをまとめ、実現に向けて協力することを目的としている。そして、インフラ整備のための原則と方策を確認し、11 のテーマでパイロット・プロジェクトに取り組むことに合意した。テーマは多岐にわたるが、その一つが「電子図書館（Electronic library）」であり、日本とフランスが幹事国となった。

　会議には、日本からは関係閣僚として通産大臣、郵政大臣が出席し、ラウンドテーブルには情報通信関係の団体や企業が出席した。会議の概要や電子図書館パイロット・プロジェクトの想定については、『カレントアウェアネス』[注6] 188 号（1995.4.20）に掲載された植月献二（当時総務部企画課）による記事「GII 電子図書館プロジェクト―情報社会に関する G7 関係閣僚会合（CA996）」でかなり詳細に紹介されている。その想定は非常に広範であり、各国で計画中の電子化コンテンツを用い、さらに電子化を推進していくこと、「世界の電子図書館を接続した電子図書館ネットワーク「世界図書館」に向けた国際協力」を進めること等が列挙され、当面 G7 各国の国立図書館等を開かれたネットワークで結ぶとしている。

　植月は、NDL は「この計画に対し、今までは間接的に関与してきたが,

これからは，わが国唯一の国立図書館として，情報化社会の中で国内においても国際社会においても情報発信の中核となって行くという方向を明確に打ち出して行くことが必要であろう。関西館（仮称）のシステムも当然その線上にある」と記述している。

　NDL の電子図書館の実験に関する協力は、IPA パイロット、G7 電子図書館プロジェクト以外にも、関西文化学術研究都市に本拠を置く新世代通信網実験協議会（BBCC）との協力実験が 1995（平成 7）年から実施され、通産省系列の財団法人日本情報処理開発協会（JIPDEC）との次世代電子図書館研究開発プロジェクトが 1996（平成 8）年から 5 年計画で実施されている [注7]。この時点では予算的にも技術的にも新たな事業に関する裏付けを持たなかった NDL は、協力事業に参画することによって、のちに活用可能な電子的コンテンツを獲得し、電子図書館システムに必要な技術や制度的課題への知見を蓄積していったと言ってよかろう。国会に属する組織として独自性を持ち、これまで行政や民間との関係から距離を保ってきたと見られる NDL が、国の最新の情報政策に直結するような協力事業に踏み出したのは、新技術なしには実現できない関西館プロジェクトに着手したこと、また今後の図書館が避けては通れない電子情報が、組織の違いを問わないボーダーレスな性格を持つものであることによるだろう。

　なお、G7（後にロシアを含め G8）電子図書館プロジェクトは毎年参加各国の会合を開催したが、実質的にはそれほど成果を挙げることなく、1999 年には各国の国立図書館の協力事業である「世界図書館(Bibliotheca Universalis)」事業に引き継がれ、2005 年まで存続した。「人々の交流」を共通のテーマとするコンテンツを参加図書館が作成し、それぞれのウェブサイトで公開し、各コンテンツにリンクした統合的なサイトを置くことを具体的な活動とし、NDL の電子展示会の「世界の中のニッポン」(BBCC との協力事業により作成し、2000 年 8 月に公開。

第 5 章（4）参照）は、その趣旨によるものであった。

（6）「機械化図書館」の進展

　前項（5）の 1995（平成 7）年 4 月の植月の記事においては、先ほどの引用部分に続く最後のパラグラフも、NDL の当時の状況と問題意識を知る上で重要である。やや長文になるがこの部分も引用し、その背景を見ておきたい。

　「ところで現在、誰でも、いつでも、どこでも、簡便な使用方法で当館のデータベースを利用できるというような環境を当館はまだ実現しえていない。しかし、最近 OPAC の開発計画がまとめられ、データベースの外部提供に関する方針については鋭意検討中である。データ整備においても、可能な限り所蔵資料の目録をデータベース化していかねばならない。国内、世界の要求に如何に応えていくのか、これからが国立国会図書館の鼎の軽重が問われる時である。」

　第 2 章で述べたように、NDL の業務機械化は、1970 年代の目録編さんシステム開発から始まり、1980（昭和 55）年に機械可読目録である JAPAN/MARC を開発し、磁気テープによる和図書の目録情報の頒布を開始することで、内外の図書館に対する書誌データの提供という国立図書館としての一つの目標をクリアした。1949（昭和 24）年に印刷カード事業としてスタートした目録の頒布事業は、電子データそのものの頒布によって進展を遂げたことになる。同時に和・洋図書、逐次刊行物、雑誌記事索引、国会会議録索引等のデータベースが次々に開発されていた。未入力のまま大量に残されていたカード目録や冊子目録の遡及入力作業も 1990 年代を通じて着実に進行していた。

　これらの目録情報や索引類はいわゆる書誌情報であるが、電子図書館の文脈では、資料そのものである一次情報に対し、一次情報にアクセス

するための二次情報と総称できる。1970年代からのNDLは二次情報のデータ整備を推進することで、前述したバックランドの図書館の3類型における“機械化図書館”つまり「図書館資料は主に紙メディアであっても、図書館の業務がコンピュータ化されている図書館を意味している。そこでは、レコード（書誌的記録）の処理が中心となる」（前掲『図書館サービスの再構築』(p.27)）への道を邁進していたと言えよう。

　オンライン情報検索システムの運用も始まり、1985（昭和60）年には、公衆電話網を通じ、国会、行政・司法支部図書館、公共図書館に対してNORENと称する情報検索システムのオンラインサービスを開始し、徐々に接続数を増やしていた。しかし、NORENは、コマンド式の旧式な検索システムであり、誰でも簡単に検索できるOPAC（Online Public Access Catalog、直訳すれば、オンライン公衆閲覧目録）の開発が検討されていたことになる。

　1995年の時点では、IPAパイロットやG7のプロジェクトが立ち上がる中で、限定した利用者を対象とする従来のNORENによる提供のみでなく、インターネット上におけるデータ提供のあり方が新たな課題として登場していた。ただし、そうしたプロジェクトに携わっている担当者を除き、通常の業務の現場、たとえば目録情報の作成に携わっている職員であるとか、閲覧業務に従事している職員にとっては、いまだ遠いところにある課題であったことも事実であろう。

　植月が「鋭意検討中」としたデータベースの外部提供に関する方針は、同年8月に「当館作成データベースの提供方針」として決定された。「NDL月報」No.415（1995年10月）には、その経緯および方針の全文が掲載されている（総務部企画課「「当館作成データベースの提供方針」の策定について」）。経緯では、NDLで「作成・提供しているデータベースは、現行の財政法、国有財産法の上では国有財産であり、これを国以外の者に使用又は収益させる場合は、使用料を徴収することになっている」と

し、その「基本的立場をふまえた上で」提供の範囲、方法等を明確化し
たとしている。たとえば JAPAN/MARC 等のデータファイルを磁気テー
プや CD-ROM で提供する場合の使用料および使用条件は、提供先との
会計契約によって定めるとした。

　一方で、オンラインによる提供の場合は、NOREN については、国会
関係、支部図書館、都道府県立図書館および政令指定都市立図書館といっ
た利用者の区分によってデータベースの種類や利用の態様を定めてい
る。そして、新たに計画されている「WWW サーバ等によるインターネッ
ト上での提供」については、試行的提供とし、「当館業務の紹介・広報
の範囲」にとどめ、データベースの種類は、和図書と和文逐次刊行物の
書誌情報のうち必要最小限のデータと定めた。また、NOREN のような
ID、パスワードによる利用者管理は行わず、無料とし、利用の目的を「情
報検索に限定する」とした。

　これにより、非常に限定された条件のもとで、インターネット上での
二次情報提供の道が開かれたことになる。その後の電子図書館事業の進
展によって同提供方針は改訂されるが、基本的な「国有財産」としての
扱いは、それから後も長く前提としてあり続けることになる。

（7）IPA パイロットの概要

　ここで本章（5）「電子図書館の協力事業」で述べた IPA パイロット
について簡単に紹介しておこう。このプロジェクトは、「電子図書館実
証実験」および「総合目録ネットワークシステム」の二つから成り、実
施期間は 3 か年を予定していた。概要は、前掲の「NDL 月報」No.421
の記事および田屋が『情報管理』38 巻 11 号（1996.2）に執筆した「パ
イロット電子図書館実証実験システム」に見ることができる。

■電子図書館実証実験

　電子図書館実証実験の目的は、資料の電子化から利用に至るまでの一連の技術を実験・検証することにあった。冒頭の田屋の引用でもっとも重要とされた「資料の電子化と電子的形態による提供」が、ここで実際に試されることになったのである。資料の電子化作業は、1994年12月に開始され、その後半年間で約1千万におよぶ大量の画像データが蓄積されることになった [注8]。電子化の対象になった資料は、NDLの蔵書および出版社の協力により提供を受けた資料で、次ページの表1に見るようにかなり多様である。

　NDLの蔵書は、貴重書、明治期刊行図書、第二次世界大戦前後の刊行図書、国内刊行雑誌、国会審議用調査資料、憲政資料が対象となった。貴重書については高品質の写真撮影フィルムから高解像度のカラー画像で入力、明治期刊行図書については既存のマイクロフィルムからのモノクロ画像で入力、国内刊行雑誌については直接スキャナーで画像入力するなど、基本は画像データによる電子化であった。国会審議用資料および憲政資料の解題目録についてはOCRによるテキスト入力も行っている。

　出版社から提供を受けた資料は次ページの表1に挙げたように、非常に多彩であり、18タイトル、約160万ページがスキャナーによってモノクロ画像で電子化された。

　また、実験の拠点として慶應義塾大学湘南藤沢キャンパス内にIPA情報基盤センターが設置され、検索・閲覧システムを構築し、NDLの間をネットワークでつなぎ、1995年10月からNDLの館内で利用実験を行った。所蔵資料を所管する各課は、電子化対象資料の選定、準備に協力し、閲覧システムの検証にも積極的に関与したことになる。

　電子化された資料のうち、NDLの蔵書については、のちにNDLが電子図書館を立ち上げる際のコンテンツとして活用されることになる。しかし、外部から提供された出版物の電子化については、一部は出版社に

（表1）　電子図書館実証実験で電子化された資料

	資料名（内容・特徴等）	数量（概数）・電子化の方法
NDL 所蔵資料	貴重書（江戸時代の浮世絵、錦絵、掛け軸、古地図、奈良絵本等）	7,200枚・写真撮影によるカラーフィルムから高解像カラー画像
	明治期刊行図書（主として社会科学分野）	24,800冊（650万ページ）・マイクロフィルムからモノクロ画像
	第二次世界大戦前後の刊行図書（用紙が劣化しやすいが資料の価値が高い。経済産業分野を対象）	2,500冊（75万ページ）・マイクロ撮影し、フィルムからモノクロ画像
	国内刊行雑誌（総合誌および社会科学系の雑誌20誌。NDL刊行誌4誌。対象期間は1980.1〜1994.12）	24誌（84万ページ）・印刷物から直接モノクロ画像
	国会審議用調査資料（Issue Brief。国会での審議が予期されるテーマについて国会議員に提供する調査リポート）	260冊（5千ページ）・モノクロ画像およびテキスト入力
	憲政資料（憲政資料室が所蔵する近代政治史料。「三島通庸関係文書」が対象）	3,400点（3万3千枚）・マイクロフィルムからモノクロ画像。解題目録をテキスト入力
出版社から原資料の提供を受けた資料	『帝国議会議事速記録』（東京大学出版会）、『マルクス・エンゲルス全集』（大月書店）、『田辺元全集』（筑摩書房）、『世界大百科事典』（平凡社）、『朝日ジャーナル』（朝日新聞社）、『萬朝報』（日本図書センター）、『法律新聞』（不二出版）、『少年サンデー』（小学館）、『出版年鑑』（出版ニュース社）、『国書総目録』（岩波書店）等18タイトル	18タイトル（160万ページ）・印刷物からモノクロ画像

（田屋裕之「パイロット電子図書館実証実験システム」『情報管理』第38巻11号（1996.2）p.992の「電子図書館実証実験プロジェクトにおいて電子化した資料」を一部省略して作成。［注8］参照）

よって商品化されてはいるものの、多くはこのプロジェクトにおける実
験の枠内にとどまったように見られる。

■総合目録ネットワークシステム

　もう一つの柱である総合目録ネットワークシステムは、電子図書館と
はやや異質なイメージを持つものかもしれないが、そのルーツは NDL
の創設とともにあった。

　総合目録は、複数の図書館の資料の所蔵が検索できる目録で、図書館
間相互貸借等による資源の共有のために重要な意義を持つ。国立国会図
書館法第 21 条 4 号には「日本の図書館資料資源に関する総合目録」の
作成が NDL の任務として規定され、第 2 章で述べたように書誌コント
ロールの上でも大きな目標の一つとなっていた。しかし、情報環境が整
う以前は、総合目録参加館の目録カードを収集し、編さん作業を行うし
かなく、その成果は理想からは程遠かった。

　しかし、1986（昭和 61）年から学術情報センターによる大学図書館
の共同目録事業による目録所在情報サービス（NACSIS-CAT）が立ち上
がるなど、データベース技術や情報通信の活用が現実のものになる中で、
1988（昭和 63）年の関西館の第一次基本構想では、NDL が作成する
国内出版物の書誌データを基礎にして全国的な総合目録を作成し、図書
館ネットワークを形成することが目玉の一つとなった。そのため館内に
研究会を設け、参加館として想定する都道府県、指定都市立図書館への
アンケート調査を行う等、調査研究活動が行われた。

　1991（平成 3）年には、当時 NDL の業務機械化の企画調整を担当し
てきた総務部業務機械化室のもとに「ネットワーク研究開発班」を設置
し、1993（平成 5）年度にはパイロット・プロジェクトを実施してい
る。データ提供が可能な 4 館から作成済みの目録データの提供を受け、
NDL の JAPAN/MARC に同定して総合目録の統合ファイルを作成し、

NOREN で提供することを目標としていた [注9]。

　総合目録には大きく分けて「集中型」と「分散型」があり、現在では総合目録参加館の OPAC を横断検索して資料の所蔵館を知ることができる「分散型」が主流である。「分散型」は書誌データや各館の所蔵データを管理する統合的なデータベースを作る必要はないが、各館の OPAC が横断検索に対応する仕様をもつ等の手段が基本となる。それに対し「集中型」は、書誌データや参加館の所蔵データを集中的に管理する巨大なデータベースを構築することになる。その場合、共通の書誌データのもとに各館の所蔵を一元的に表示するといった一体感のある機能を持つことができる。NACSIS-CAT は、目録作成を参加館が共同で行う共同分担目録のシステムとして構築され、総合目録データベースとしては「集中型」である。一方 NDL の計画は、参加館から各館の目録データの提供を受け、それらを統合して総合目録データベースを構築し、管理するという方式の「集中型」であった。1993 年度の実験では、各館から収集した目録データを突き合わせて一本化するためには、各館のフォーマットが異なり、共通のフォーマットへの変換が困難なことなどさまざまな課題が判明していた。

　IPA パイロットでは、その枠組みを引き継ぎつつ、課題の解決を目指した。都道府県立および政令指定都市立図書館に実験への参加を呼びかけ、1996 年段階では 27 館が参加、16 館がデータを提供するまでに規模を拡大した。データについては、JAPAN/MARC を基本とする共通フォーマットを制定、変換プログラムを開発し、共通フォーマットによるデータ提供を求めた。そして、ISBN（国際標準図書番号）等をキーにして目録データを自動的に同定する総合目録データベースを構築し、同年 3 月には約 700 万件の書誌・所蔵データを蓄積し、ネットワークを介して参加館による利用検証が行われた。

　総合目録ネットワークシステムは、システムの改良を経て、1998（平

成 10) 年度からは IPA の手を離れ「国立国会図書館総合目録ネットワーク」として NDL によって本格的に運用されるに至った (図 12)。事業化の段階では、約 1,220 万件の和図書の総合目録データベースが構築され、データ提供館は 24 館、検索・利用する参加館は 45 館であり、その後も大きく拡大することになる [注 10]。

　これまでは NDL からの目録情報の頒布による一方通行だった枠組みが相互のデータ提供へと拡がり、全国の図書館の資料の所在を確認することが可能になったこと、NDL が事業主体となって運営するこの事業が、その後の図書館協力事業の核となったことは大きい。参加する図書館にとっても、自館の業務機械化の推進において総合目録への参加が一つの契機となる場合もあった。それには、時機を機敏にとらえ、大胆なシステム設計および開発を実現することができた IPA パイロットの役割が大きかったと言えるだろう。

　このように、IPA パイロットは、「資料の電子化」という電子図書館のもっともコアの部分、そして NDL が創設時から任務として規定してきた書誌コントロールの機能の一つ、総合目録の作成・提供についても足掛かりを作った。次章では、NDL が、協力事業ではない自前の電子図書館事業をどのように立ち上げるに至ったか、その経緯を見ることにしたい。

　その頃私が何をしていたかについても、少しだけ述べておこう。私は 1995 年 4 月に図書部図書整理課から総務部人事課に異動し、3 年間任用担当の係長兼課長補佐をしていた。古巣の図書部には図書整理課を筆頭に 4 課があったが、和・洋図書を所管する図書閲覧課、貴重書等の和古書や漢籍を所管する古典籍課は、資料所管課として電子図書館実証実験に協力していた。また、書誌課は総合目録ネットワークプロジェクトに深く関与していた。しかし、私は人事課で採用試験や任用業務に追われており、IPA パイロットにはまったく係わっていなかった。

（図12）事業化後の「国立国会
図書館総合目録ネットワーク
システム」トップページ
「七十年史」（前掲）p.262より

　もっとも、人事課にさえ実証実験用の大きなディスプレイを備えた端
末が配備され、電子化資料のデモや検証が行われていた。また、人事課
の隣には企画課の会議室があり、IPA に出向中の田屋が立ち寄って、外
部の関係者も交えて賑やかに歓談しているのを見かけることもあった。
田屋は大きなプロジェクトを動かしているといった自信に満ちているよ
うに見えたが、実際には、IPA の中では技術的なギャップに苦労するこ
とがあったと本人に聞いたことがある。

　それから、当時発行されていた『パイロット電子図書館総合目録ネッ
トワーク参加館ニュース』[注11]の No.6（1997 年 6 月号）に、頼まれて「主
題検索機能案内」という記事を書いたことがある。私が図書整理課時代
からその頃まで JLA の分類委員をしていたからだろう。総合目録ネッ

トワークシステムの検索機能として NDC（日本十進分類法）を用いた
階層検索機能が追加されたのでそれについて紹介したのだが、NDC の
0 類から 9 類までの 10 区分が、書架に並ぶ本の背を模して表示される
画面がなんとも古めかしく、読み返してみると「この墓石にも見まがう
背表紙のグラフィック」と、思ったとおりのことを書いているのには笑っ
てしまった。

〈注〉……………………………………………………………………………………………………
［注 1］答申は、『国立国会図書館法に規定する図書館の組織および図書館奉仕の改
　　　善を目的として、関西地域に設置すべき図書館の施設およびその機能について』
　　　国立国会図書館関西プロジェクト調査会．1987.4.2。「NDL デジタルコレクショ
　　　ン」所収
［注 2］『国立国会図書館関西館（仮称）設立に関する第一次基本構想』NDL.1988.8
　　　および『国立国会図書館関西館（仮称）設立に関する第二次基本構想―情報資源
　　　の共有をめざして』NDL.1991.8。両者とも「NDL デジタルコレクション」所収
［注 3］前注の第二次基本構想 p.3 の「関西館（仮称）の概要」には「関西館の役割」
　　　として「①文献情報の発信　「情報図書館」として、あらゆる分野の文献とそれ
　　　に関する情報を、利用者がどこにいても、いつでも、ネットワークを通じて迅速
　　　に提供する」とある。ほかに「②世界的なサービスの提供」および「③新しい図
　　　書館協力の推進」の二つが挙げられている。
［注 4］Ariadne（アリアドネ）は Advanced Retriever for Information and
　　　Documents in the Network Environment の頭字をとったものと説明されてい
　　　る（長尾真ほか「電子図書館 Ariadne の開発（1）システム設計の方針」『情報管
　　　理』38（3）1995.6。本論文は同誌 38（7）1995.10 まで 5 回掲載。

［注5］1994年以降の米国の電子図書館の推進については、ジェーン・B. グリフィス「全米情報基盤と電子図書館の発展」「NDL月報」(422) 1996.5, p.12-17、谷口敏夫『電子図書館の諸相』白地社 1998 刊、および米国議会図書館のウェブサイトより "National Digital Library Program" を参照。

［注6］『カレントアウェアネス』はNDLが1979年から刊行している図書館および図書館情報学分野の情報誌(年4回刊)。「カレントアウェアネスポータル」(https://current.ndl.go.jp/) でも電子版が公開され、速報性の高いメールマガジン（月2回刊）である「カレントアウェアネス -E」、日次で最新ニュースを伝える「カレントアウェアネス -R」が提供されている。

［注7］電子図書館に関する協力事業については、WARP（NDL インターネット資料収集保存事業）に保存されている NDL ホームページの過去のページ「電子図書館プロジェクト．電子図書館協力活動」を参照。1999（平成11）年度以降の『国立国会図書館年報』の「電子図書館事業」の章にも紹介がある。

［注8］「約1千万」は、田屋裕之「パイロット電子図書館実証実験システム」『情報管理』38巻11号(1996.2)p.986-995の数量によった。前述の「「パイロット電子図書館」プロジェクト―未来型図書館の構築に向けて」「NDL月報」(421) 1996.4, p.2-8では「800万」としており、各電子化資料の数量の内訳も異なっている。

［注9］業務機械化室ネットワーク研究開発班「図書館協力の新たな基盤づくりをめざして―総合目録ネットワーク・パイロット・プロジェクトの概要」「NDL月報」(390) 1993.9, p.19-23。

［注10］「「総合目録ネットワーク」の国立国会図書館事業化とホームページへの掲載について」「NDL月報」(452)1998.11, p.33。

［注11］『パイロット電子図書館総合目録ネットワーク参加館ニュース』No.1 (1996.3) - No.9 (1998.3) IPA 技術応用事業部, NDL 総務部企画課監修, 日本図書館協会刊行。

第4章
「国立国会図書館電子図書館構想」―構想から計画へ

　そう、われわれはこれまで人々が慣れ親しんできた紙に書かれ、印刷された文字中心の世界から、情報流通の新しい時代に移行しつつあるのである。そして、そのような時代にこれまで国立図書館が果たしてきた役割をどのように果たすのかを問われているのである。国立国会図書館も、この世界の大きな動きの中で、自らの果たすべき役割を明らかにしなければならない。そのような時代的・社会的要請に応える目的で行った検討の集約結果として、今年五月当館が策定した「電子図書館構想」がある。

田屋裕之「国立国会図書館「電子図書館構想」について」『国立国会図書館月報』No.450（1998年9月）p.3-10 より

　冒頭の文章は、1998（平成10）年5月に策定した「国立国会図書館電子図書館構想」を紹介するために、田屋裕之が「NDL月報」に執筆した記事の中から引用したものである。この記事の冒頭に、田屋は「チャンスがドアをノックする音が聞こえます。そして是非ともドアを開けるべきだと思っています。ところで悲観主義者というのは、チャンスがドアをノックしているのに、その音がうるさいと文句を言う人のことだとご存じでしたか。」というノルウェー国立図書館長のルーガス（B. Rugass)による講演からの引用を置いている。ルーガス氏の講演は、1996（平成8）年3月に開催されたNDL主催の国際シンポジウム「21世紀の国立図書館」の基調講演としてなされたものである。

　ルーガス氏は、情報技術の発達がもたらす情報の収集、保管および流通のために生じる新たな問題や、資料の法定納本、著作権、知的所有権など新たな法律問題も多数生じることを指摘しつつ、「是非ともドアを開けるべき」と述べ、田屋もその呼びかけに呼応している。

　本章では、前章で述べた協力事業への関与の段階から、NDLがどのように構想策定に至ったか、その内容とはどういうものか、そしていかに計画へと落としこまれていったかについて見ることにする。また、2000（平成12）年当時のさまざまな分野の電子図書館の取組みについても簡単に触れておきたい。

（1）構想策定の推進体制

　1995（平成7）年、NDLはこれまでにない転換期を迎えていた。関西館建設計画は、95年度に用地取得のための経費が予算化され、事業化が決定、建築設計競技が実施され、2002～03年頃の開館に向けて準備が本格化することになった。

　さらに、支部上野図書館の旧帝国図書館の建物を、国立の子ども図

書館にすることを求める動きが1993（平成5）年頃から急速に高まり、1995 年には調査会が設置され、「児童書の総合的なナショナルセンター」を求める答申が提出された。答申では、その電子図書館機能が重視され、1995 年度の補正予算においてパイロット・システムを開発、2000 年に予定される部分開館に併せ公開することが目されるなど先行した動きがあった（「五十年史」第 1 章「この 20 年間の大きな流れ」第 2 節「関西館への道のり」および第 3 節「上野図書館の歩みと国際子ども図書館」p.69-91 より）。

　NDL は、東京本館、関西館、そして国際子ども図書館の"三館体制"の実現という未曽有のプロジェクトを本格化しようとしており、電子図書館事業はその実現のために欠かせない要素の一つとなっていた。前述した 1996 年 3 月の「21 世紀の国立図書館」をテーマとする国際シンポジウムは、9 か国の国立図書館から発表者を招いて行われたもので、こうした NDL の状況を象徴するものであったと言えよう。

　しかし、1995 年段階では、どのような電子図書館を構築するか、NDL の内外に示せるような構想や計画があるわけではなかった。また、新規事業である電子図書館事業の受け皿になるような組織も館内には存在しなかった。

　総務部企画課では、1996 年 10 月に「電子図書館構想策定のための作業指針」を定め、構想策定の準備として今後の議論や検討の内容、必要な体制についてとりまとめている。「NDL 月報」No.431（1997 年 2 月）は、当時の図書館協力部図書館研究所で行った調査研究プロジェクトの結果として、米、独、仏、英、オーストラリアの国立図書館の将来計画と電子図書館構想について紹介しており、「まとめ」の中で NDL の作業指針についても簡単に触れている。作業指針では、これまでの国立図書館そして納本図書館としての NDL の重要な役割である出版物の収集、整理、蓄積・保存、提供の役割を電子情報に対しても果たすことが、そ

の電子図書館の基本的な役割であると位置づけていた。

　1997（平成9）年3月には、電子図書館構想の策定とその実現を推進することを目的として「電子図書館推進委員会」を館内に設置する内規が定められた。同年4月、同委員会が総務部司書監を委員長として発足し、総合目録、政府情報、技術検討、ホームページ方針策定並びに国際子ども図書館の電子図書館システム検討に関する5つの班が設けられた（「五十年史」p.646-648）。

　IPAへの出向からNDLに戻った田屋は、同4月に総務部主任参事を命じられ、NDLの電子図書館構想の策定を担当することになる。

　構想策定にあたっては、外部の意見を取り入れるため、「電子図書館推進会議」が同年6月から1998年2月まで5回にわたって開催された。会議のメンバーには、座長の原田勝（図書館情報大学教授）をはじめ、研究者、情報関係機関、出版界、作家、著作権制度の専門家等、多彩な顔ぶれが並び、情報システム関連会社のオブザーバ参加も行われた。

　推進会議は、1998年2月23日に「電子図書館推進会議報告書―知識・情報・文化の新しい基盤の構築をめざして―自由で創造的な情報社会のために」[注1]を電子図書館推進委員長に提出し、役割を終えた。報告書は、情報化時代の図書館の役割、NDLが実施すべき電子図書館への提言と構築すべき電子情報資源（電子図書館の「蔵書」）、制度的および技術的課題について詳述したものになっている。特に制度的課題については、会議メンバーの吉田大輔（当時横浜国立大学大学院助教授）が著作権、課金を含む制度面の作業部会主査となり、これまでの実験や実践において鮮明になった電子図書館に関係する著作権上の課題を整理している。同報告を受け、1998（平成10）年5月、「国立国会図書館電子図書館構想」（図13）が策定された。

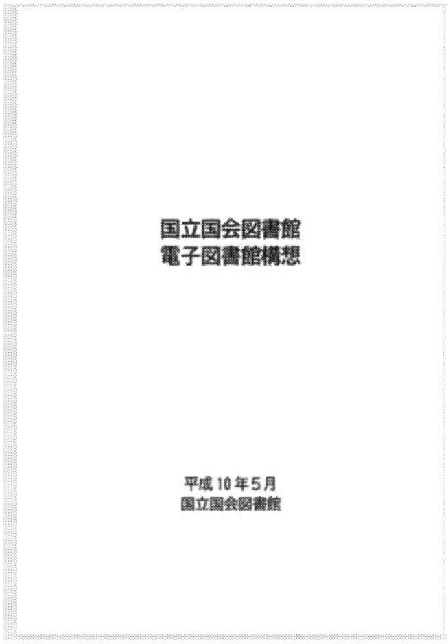
国立国会図書館
電子図書館構想

平成10年5月
国立国会図書館

(図 13)『国立国会図書館電子図書館構想』1998 年 5 月策定（表紙）
NDL デジタルコレクション
https://dl.ndl.go.jp/pid/1000791

（２）「国立国会図書館電子図書館構想」の概要

「国立国会図書館電子図書館構想」（以下、「構想」と呼ぶ）は、次の９章からなる。

はじめに
第１章　国立国会図書館が実現する電子図書館
第２章　電子図書館の「蔵書」の構築―文化の保存と提供―
第３章　電子図書館による国会及び行政・司法の各部門へのサービスの強化
第４章　関西館と電子図書館
第５章　国際子ども図書館の電子図書館
第６章　電子図書館の協力活動
第７章　電子図書館の制度的課題
第８章　電子図書館の技術課題
第９章　電子図書館基盤システムの構築
おわりに　電子図書館実現に向けての取組み

　「はじめに」で策定までの経緯を述べ、電子図書館を、豊富な情報に「ど
こでも、いつでも、だれでも」アクセスできる新しい情報技術を使った
図書館サービスの拡張であるというような基本認識を示す。

　第1章「国立国会図書館が実現する電子図書館」では、NDL の役割
の上で重要な枠組みを列挙した上で、「構想」における電子図書館を、
「図書館が通信ネットワークを介して行う一次情報（資料そのもの）及
び二次情報（資料に関する情報）の電子的な提供とそのための基盤」と
定義している。

　第2章「電子図書館の「蔵書」の構築」では、NDL が 1996 年に設
置した「納本制度調査会」が、館長からの諮問を受け、電子出版物の納
本制度の在り方について検討し、1998 年 3 月にとりまとめた最終報告
に言及した上で、電子図書館の「蔵書」の種類分けを次のように行って
いる。

(1) 二次情報
　　・NDL が作成した書誌情報や各種文献に関する情報（総合目録を
　　　含む）
　　・外部機関が提供している情報への案内
(2) 一次情報
　　・NDL の所蔵する電子情報
　　　　（これには、NDL が収集する電子出版物、印刷物を電子化した
　　　　電子アーカイブ、消滅するおそれのあるインターネット情報資
　　　　源を電子的に蓄積したもの、の三つが含まれる）
　　・外部機関の提供するデータベースへのアクセス
　　・インターネット上で提供される情報資源へのナビゲーション

　さらに、優先して電子化すべき資料群として、国会情報、行政機関が
発行する出版物、利用頻度の高い国内刊行雑誌、科学技術情報、国の文
化遺産としての図書館資料、児童書の6種を列挙している。また、「情

報の編集と編成」として、米国議会図書館の「アメリカン・メモリー」を参考に、「日本の歴史・文化資料を電子的に編集・編成し提供するプロジェクトを計画する」（p.8）とする。

　電子化による資料保存についても項を設け、印刷物の電子化による保存のほか、「パッケージ系電子出版物」の保存のための調査研究の必要性、「ネットワーク系電子出版物」の収集・保存の必要性について指摘している。「パッケージ系電子出版物」、「ネットワーク系電子出版物」という用語は、あまり一般的でないかもしれないが、NDL の電子出版物の収集への取組みにおいては基本的かつ重要な区分である。「パッケージ系」は、たとえば CD-ROM などの物理的媒体を持つ“有形”の電子出版物を指す。それに対し「ネットワーク系」は、ネットワークを通じて流通する“無形”の電子情報資源のことを指し、その範囲は幅広く、電子書籍やさまざまなウェブ情報、さらには従来の放送番組までを含んでいる。

　第 3 章から第 5 章は、国会および行政・司法の各部門へのサービス、関西館、国際子ども図書館の電子図書館サービスの在り方を示し、第 6 章では協力活動の積極的な実施について述べている。

　第 7 章、第 8 章は、それぞれ制度的課題、技術的課題を扱い、推進会議の報告を圧縮した内容になっている。制度的課題については、電子図書館の実現が著作権法の複製権（第 21 条）や公衆送信権（第 23 条）に関係し、著作権者の権利と図書館における公正な利用の間の社会的合意、ルール作りが必要であることを述べている。そのための論点として、資料の属性（たとえば著作権の有無）、利用方法、送信の範囲、対価の徴収、権利処理の方法を挙げている。

　第 9 章では、電子図書館を実現するための基盤として、NDL の業務全体を遂行するための統合的なシステムとして計画している「電子図書館基盤システム」の特徴、構成等について述べている。

　「おわりに」は、「電子図書館の実現は、未来に向けた挑戦である。国立国会図書館は、高度情報社会において当館が果たすべき役割と電子図書館の社会的意義を認識し、関西館開館予定の平成 14 年度を目途に、館をあげ、また関係機関と連携・協力し、電子図書館の実現に向けて取り組むものである。」(p.20) というパラグラフで締めくくられ、2002（平成 14）年の実現に向けて全館的に取り組む姿勢を強調している。

（3）「構想」をめぐって

　ここで「構想」の内容にまつわるいくつかの背景を、私見をまじえて述べておきたい。ただし、「構想」がどこまで実現されたかの評価はここでは行わず、当時の状況との関連やその後の事業への影響を中心に見ることにする。

■電子図書館の定義

　「構想」第 1 章の電子図書館の定義「図書館が通信ネットワークを介して行う一次情報（資料そのもの）及び二次情報（資料に関する情報）の電子的な提供とそのための基盤」は、NDL の当時の状況にかなり密着した掛値のないものと考えられる。「一次情報」と同列に書誌情報等にあたる「二次情報」を挙げていることは、それまで NDL が営々と築いてきた電子的な情報資源は目録や索引等の二次情報であって、それにもかかわらず、こうした情報さえネットワークでは満足に提供できていない状況を反映するものであろう。

　二次情報は、紙媒体の資料であれ、電子情報であれ、コンテンツそのものである一次情報へと利用者を導く手段であり、その「電子的な提供」が拡大されなければならなかった。また、たとえば関西館開館時に実施を企図する文献提供サービスなど、新しいサービスの展開の基本になる

ものとの認識があった。実際には、構想策定と並行して、新しい目録検索システムの開発も進められていた。このシステムは、後に 2000（平成 12）年、Web-OPAC として NDL の電子図書館の最初のサービスの一つとして公開されることになる。

　そして、「そのための基盤」は、情報通信基盤というだけでなく、当時の NDL のシステム環境を一新する、新しいシステム基盤の構築を指していると考えてよいだろう。「構想」第 9 章で述べられている「電子図書館基盤システム」は、電子図書館それ自体のシステムではなく、資料の収集・管理から組織化、情報提供にまで至る NDL の業務を統合的に管理する基幹システムにあたる。1995 年から検討が始まり、1997 年には「新情報システム基本計画書」（「五十年史」p.646）として計画がまとめられていた。いわば「構想」と並行して計画化が進められ、時流を反映して「電子図書館基盤システム」という名称を冠し、関西館開館時の稼働を目指して、1998 年から大規模な開発に着手することになっていた。

　開発にあたっては、大型汎用機であるメインフレーム上での集中処理を基本とする方式から、コンピュータの相互接続による分散処理方式に移行し、開発手法も、NDL の職員がメインフレーム上で個々のシステムを開発し運用するような従来の方法から、民間ベンダーへの大規模なシステム開発の調達へと大きく転換することが企図されていた。そのためには、既存業務の再編成も視野に入らざるを得なかった。「構想」は、NDL のシステム全体の再構築にまで傘を拡げるものであったと言えよう。

■電子出版物の収集

　第 2 章の冒頭で述べられているように、「構想」の策定と並行して進められていた電子出版物の納本制度の検討も国立図書館の役割の根幹に

関わるものであった。

　パーソナルコンピュータ等のコンピュータ機器の普及により、80 年代中頃から電子出版が本格化した。1987（昭和 62）年には岩波書店の『広辞苑』第 3 版が CD-ROM で刊行されるなど、その大容量、検索機能、マルチメディアといった特徴が注目され、出版物としての市民権を得ていったと言えよう。第 2 章（3）で紹介したように、1988（昭和 63）年には NDL の和図書の書誌データを収録した J–BISC も CD-ROM で刊行されている。

　一方で図書館にとっては、こうした電子出版物を図書館資料としてどう扱うかが新しい課題として浮上することになった。特に納本制度を持つ NDL にとっては、電子出版物を納入の対象に含めるかどうかが喫緊の課題となった。国立国会図書館法は、第 24 条 1 項で納入の対象とする資料の種類を定めているが [注2]、1948（昭和 23）年に制定された当時は電子出版物といった存在はまったく想定外だった。もし納本対象とするならば、法律の改正を行わなければならない。

　NDL は 1995（平成 7）年に「納本制度調査会」を設置し、電子出版物の納本制度の在り方について諮問を行った。そこで電子出版物の範囲、「パッケージ系」、「ネットワーク系」といった区分が議論されたことになる。「構想」が策定された 1998 年 5 月は、答申がまとまりつつある段階であったが、1999（平成 11）年 2 月には答申 [注3] が提出され、CD-ROM 等有形の「パッケージ系電子出版物」を納本制度に組み入れることが妥当とされた。これにより、国立国会図書館法が改正され、2000（平成 12）年 10 月から「パッケージ系電子出版物」が納本の対象となった [注4]。

　一方で、無形の「ネットワーク系電子出版物」は、この答申においては納本制度の対象外とし、必要・有用なものは契約によって積極的に収集するとした。1995 年の時点で、「ネットワーク系」の台頭は強く意

識されてはいたものの、NDL の収集本流のターゲットはあくまで「パッケージ系」であった。ただし、時代に先駆けようとする「構想」では、「ネットワーク系」の文化遺産としての収集・保存を想定しており、その後の電子図書館計画でも主要な柱の一つに位置づけることになる。これについては、第 5 章以下でより詳しく見ることにする。

■電子図書館の「蔵書」

　上記のように、関連する動きが書き込まれる一方で、本筋の電子図書館の「蔵書」として構築すべきものについては、あまり具体性が感じられない。「二次情報」、「一次情報」の順で示されている内容についても、アーカイブとして蓄積するもの、アーカイブせず、リンク等の方法によってネットワーク上の情報資源へナビゲートするものの区別がそれほど明らかでない。また、優先して電子化すべき資料群もかなり広くとらえられており、関西館第一次・第二次基本構想において電子文献提供サービスの対象として想定されていた「利用頻度の高い刊行雑誌」も挙げられているが、解決が必要とされた著作権上の課題に対する解決の糸口は示されていない。また、行政機関の出版物、科学技術情報についても、関係諸機関の計画との調整や協力によって成り立つもので、いわば国内的な電子化構想であり、単なる NDL の電子化事業とみなすことは難しい。「構想」は広く対象に網をかけることを目的とし、その後の計画化における現実的な絞り込みを必要とせざるを得ない性格のものであったと言える。

■制度的課題と著作権処理

　著作権処理は電子図書館事業にとっては最大の課題である。所蔵資料の電子化はその複製にあたり、電子化データをたとえばネットワーク経由で送信することは公衆送信にあたる。著作権法では、著作物の複製、

公衆送信ともに著作者が専有する権利である。第31条の「図書館等における複製」で、図書館がサービスを行う場合に必要な著作権の制限が定められているが、「構想」策定当時においては、利用者の求めに応じて調査研究のための複製物を1部提供する場合、図書館資料の保存の必要がある場合等に限定されていた。

　第31条に基づく資料保存のためのマイクロ化はこれまでも行われてきたが、ネットワークを介するサービスを掲げた電子図書館サービスはその範囲に入れることはできない。電子化や公衆送信を行う場合は、著作者の許諾を得るか、あるいは著作権の保護期間（「構想」策定当時は著作者の没後50年 [注5]）が満了していると判明している資料を対象として行わなければならない。しかし、著作権者の許諾を得るにはその所在や連絡先等を知らねばならず、著作権の保護期間が満了しているかを確認するには綿密な調査が必要である。「構想」策定のちょうどその時期、電子図書館事業における最初の著作権処理の事例が進みつつあった。

　2000年に開館をめざす国際子ども図書館の電子図書館サービスの準備のため、国際子ども図書館準備室は1955（昭和30）年以前発行の児童雑誌『コドモノクニ』と『幼年画報』を電子化し、「絵本ギャラリー」の中で提供することを計画し、1998年に著作権調査を行った。

　雑誌の場合、記事が多く、著作者も挿絵画家や投稿者等多岐にわたる。2誌に収録された約16,400件の著作物の著作者を洗い出し、その所在について調査が行われた。調査によって著作権保護期間である著者の没後50年が経過していること等が判明し、電子化が可能な著作物はその3分の1強であった。残りの著作物の著作権者の連絡先調査と許諾処理を行ったが、結局約1,900名（著作物では約5,300件）の消息が不明のままであった。NDLでは、「著作権者探し」のキャンペーンを1999年1月から3月末まで行い、NDLホームページに著作者の氏名を掲載し、連絡を求めた。報道機関にも取り上げられたものの、判明したのは49

名にとどまった。最後の手段として、著作権法第 67 条に基づく文化庁長官の裁定 [注6] を同年 4 月に申請、補償金を収めることでその利用を可能とした。その経緯は、「NDL 月報」No.459（1999 年 6 月）に掲載された「『コドモノクニ』と『幼年画報』の著作権探しの結果について―お礼とご報告」（総務部国際子ども図書館準備室）に紹介されている。

　この事例は、電子化のための著作権処理が容易なことではなく、膨大な労力を要することを明らかにしたが、一方で当時の著作権法の枠内で資料電子化とインターネット提供を行うためのモデルを提示し、その後の電子図書館事業への道を開いたことになる。そして、必要とされた「ルール作り」は、その実践の上に立ち、さらに長い時間をかけて進められていくことになる。

（4）電子図書館推進室の設置と NDL ホームページ

　1999（平成 11）年 4 月、組織規則の改正 [注7] が行われ、総務部企画課に「電子図書館推進室」（以下、推進室と呼ぶ）が設置された。これによって NDL の電子図書館事業は初めて組織としての位置づけがなされた。なお、2 年前の 1997（平成 9）年 4 月に総務部業務機械化室は廃止され、総務部情報処理課は同部情報システム課に改称されていた。「業務機械化」から「電子図書館」へ、時代の変化は組織名にまで及んだことになる。また、「電子計算課」から「情報処理課」、そして「情報システム課」へ、この名称の変化も業務それ自体の変化を表すものである。

　推進室の任務については、改正された組織規則から原文をそのまま記しておこう。

　三　図書館資料の電子化（磁気ディスクその他これに準ずる方法によ

り一定の事項を確実に記録しておくことができる物に記録すること
をいう。）の計画の策定に関すること。

四　館の情報システムに接続された電気通信回線を通じて提供する図
書館奉仕に関する計画の策定に関すること。

五　前二号の計画の実施の調整に関すること。

（一および二には、推進室が所属する企画課の所掌が規定されている。）

　推進室の任務は、資料電子化計画の策定並びに「館の情報システムに
接続された電気通信回線を通じて提供する図書館奉仕」つまり電子図書
館サービスの計画の策定と、その二つの計画の実施のための調整であっ
た。総務部主任参事の田屋が、4月から正式に電子図書館推進室長となっ
た。推進室は企画課内に設置された課内室であるため、室員は企画課の
課員であり、当初非常に少人数の体制で、「構想」に基づく電子図書館
計画の策定や館内外の調整を行っていた。さらに NDL のホームページ
の企画・編集も担当しており、1 年後の 2000（平成 12）年 3 月には、
電子図書館サービスを打ち出したホームページの全面改訂が行われてい
る。

　2000 年に開始された電子図書館サービスについて見る前に、ここで
NDL のウェブサイトの経緯について簡単に見ておこう。

　ウェブによる情報提供が拡大する中で、NDL がホームページを開設
したのは 1996（平成 8）年 6 月 5 日（NDL の開館記念日）であった（図
14上）。「NDL 月報」No. 423（1996 年 6 月）の記事「ホームページ
の開設」に紹介されているように、ホームページは NDL の「広報メディ
アの一環」との位置づけで開設され、「国立国会図書館の紹介」、「総合
案内」、「NDL ニュース」、「刊行物案内」等からなる簡易なサイト構成
であった。同年 9 月からは、NDL 所蔵和図書のデータの最近 1 年分（毎
月 1 回更新）の掲載が開始されている。ここで初めて NDL の書誌デー

タがインターネット提供されたことになるが、データの提供範囲は、「当館作成データベースの提供方針」（第 3 章（6）参照）によって条件付きで提供が認められた和図書の簡易な書誌データを、さらに 1 年分（約10 万件）に限定したもので、植月の述べた「国内、世界の要求」には応えがたいものであったと言わざるを得ない [注8]。方針の制約だけではなく、ウェブでデータを提供する技術的、体制的な裏付けがなかったこともあろう。

　1997 年 4 月に設置された電子図書館推進委員会のホームページ方針策定班は、新方針を策定し、ホームページを「広報のみならず各種サービスも提供する当館のインターネットの窓口」と位置づけ、1998 年 6 月 5 日に二世代目のホームページを公開した（図 14 下）。「NDL 月報」に掲載された初代ホームページの記事が短報的な扱いだったことに比べると、同誌 No.447（1998 年 6 月）に掲載された記事「国立国会図書館ホームページが変わりました」は、ホームページ画面の画像も収録した 2 ページのやや本格的な記事になっている。

　メニューには「検索／ナビゲーション」、「利用案内」、「図書館員のためのページ」、「展示スペース」等があり、「展示スペース」で「ディジタル貴重書展」[注9] を公開した。これは NDL が 50 周年記念展示会として開催した「貴重書展」の出展資料をもとに、貴重書画像を収録し、閲覧機能を盛り込んだ本格的な電子コンテンツであり、前述（第 3 章（5））した BBCC との協力事業によって作成したものであった。しかし、「検索／ナビゲーション」のページを新設したものの、公開した書誌データは初代ホームページと同様、和図書の書誌データ最近 1 年分のみであった。なお、推進室が設置されたことにより、ホームページの担当は従来の情報システム課から推進室に移り、ホームページ構築業務はそれまでの館内での作成から外部業者の調達によって行われることになった。

（図 14）NDL のウェブサイトの変遷
上：初代ホームページ（1996 年 6 月公開）
キャプチャ年月不明

下：二世代目ホームページ（1998 年 6 月公開）
2000 年 2 月 8 日時点

2 図とも「七十年史」p.158 より

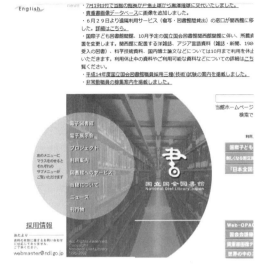

（図 15）NDL の三世代目ホームページ

2000（平成 12）年 3 月公開
「国立国会図書館インターネット資料収集保存事業（WARP）」
2002.8.29 保存ページ
https://warp.da.ndl.go.jp/info:ndljp/pid/235540

（5）2000 年の電子図書館―NDL の場合

　三世代目の NDL ホームページは、2000 年 3 月 22 日にリニューアル公開された（図 15）。「NDL 月報」No.468（2000 年 3 月）には、推進室名の記事「国立国会図書館のホームページが変わりました―インターネットを通じた情報提供サービスの拡大」が 4 ページで掲載され、これまでとは格段に扱いが異なる。

　サイト構成として、「電子図書館」のメニューをトップに置き、「電子展示会」、「プロジェクト」、「利用案内」、「図書館へのサービス」等の 7 つのメニューが設けられ、電子図書館サービスを打ち出す姿勢が鮮明だった。「プロジェクト」のメニューでは、関西館計画よりも「電子図書館プロジェクト」が先に置かれているなど、担当の推進室のやりたい放題と言ってよいほどの印象がある。それも道理で、「電子図書館」の

メニューのもとに、一次情報として「貴重書画像データベース」を、二次情報として書誌情報データベース「Web-OPAC」を新規公開、さらにフルテキスト・データベースの「国会会議録」を配置することで、初めて NDL の本格的な電子図書館サービスが姿を現したと言ってよい。

「Web-OPAC」は、NDL 所蔵資料のうち、NDL が開館した 1948（昭和 23）年以後に受け入れた国内刊行図書約 200 万件、1981（昭和 56）年以降に受け入れた洋図書約 20 万件の書誌情報を Web 経由で検索できるオンライン目録である（図16）。1997 年に競争入札によって外部業者を選定して開発され、1999 年 7 月には館内閲覧用の利用が始まっていた [注10]。インターネットでの提供は、館内提供よりは書誌情報の範囲が限定されたが、それでも画期的な公開であった。公開翌月の「NDL月報」No.469（2000 年 4 月）の記事「国立国会図書館ホームページ改訂版紹介」では、公開初日には約 8 千件のアクセス、約 2 万件の検

左から、国立国会図書館ホームページ上の Web-OPAC への入り口（簡易検索窓がある）、
Web-OPAC 検索画面

（図16）「国立国会図書館 Web-OPAC」トップページ・検索画面
「七十年史」p.116 より

索があったと紹介されている。タイトル、タイトル中のキーワード、著者、件名、分類等から検索できたが、書誌作成の要である典拠コントロールによって著者名の統一を行う"著者標目"を使った検索ができなかった。書誌作成現場と乖離したところで書誌情報データベースが開発されたといった驚きを感じたことを覚えている。

また、「貴重書画像データベース」は、主として図書部古典籍課が所管する江戸期以前の彩色資料の画像データベースで、1998年に「電子図書館基盤システム」のプロトタイプシステムとして開発された (図17)。公開当時は、和漢書（本草書、絵本・絵巻等）103点（画像数約13,500コマ）、錦絵356点（約9,500コマ）をタイトル一覧とキーワードで検索し、画像を閲覧することができた。所蔵する貴重資料の電子化と公開は、通常は利用しにくい歴史的な文化資産を誰にでもアクセス可能にするとの意義を持ち、著作権の問題がクリアしやすいこともあい

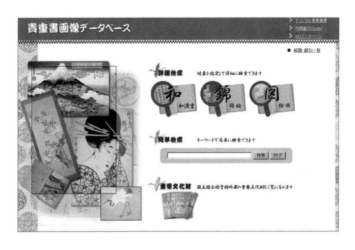

（図17）「貴重書画像データベース」トップページ
「七十年史」p.128 より

まって、資料所蔵機関が手がける典型的な電子図書館事業であったと言える。もっとも、所蔵機関の種類を問わず、電子化資料も多様なことから、電子図書館というよりは、むしろデジタルアーカイブ事業と呼ぶほうがふさわしいだろう。その中でもNDLの「貴重書画像データベース」は規模の大きさを誇っていた。

「国会会議録」は衆・参両院の本会議、委員会の議事録であり、憲法第57条の会議公開の原則によって国会開設時から印刷・頒布されてきた。1972(昭和47)年には、事項名や発言者を索引化したNDLによる「国会会議録索引」の機械編さんが始まり、NOREN(第2章(3)参照)によるオンライン検索もできるようになった。しかし、索引は膨大な会議録本体から発言を探し出すための補完に過ぎず、作成作業に遅れも生じやすかった。その打開策として、1990年代初頭から衆議院、参議院の両事務局とNDLがフルテキスト・データベースの構築について検討を重ね、1996年から3組織の共同事業として構築を開始、1998年から国会用の提供を開始したものである。キーワード、発言者名から検索

(図18)「国会会議録検索システム」の初期のトップページ
「七十年史」p.53より

すると発言の本文をテキストで表示することができ、会議録へのアクセスは一気に向上した。1999 年 1 月にはインターネットによる一般用の検索機能も試行されていた[注11]。2000 年 3 月時点では第 126 国会（1993 年 1 月）以降の会議録が対象となり、その後も順次遡及入力が行われることになる（図18）。

　「国会会議録検索システム」は長年の国会情報発信に向けての努力の成果であり、電子図書館事業の文脈に収めきれるものではない。しかし、これらのサービスの提供は、NDL が本来持ちながら、むしろ隠されていた強みを顕在化するものであり、その電子的サービスの出発点として十分なインパクトを持つものであった。そして、関西館開館の 2002 年に向けて電子図書館計画を進める足がかりになったと言えよう。当時の NDL ホームページの姿は、「国立国会図書館インターネット資料収集保存事業（WARP）」に収録されている 2002 年 8 月 29 日および同 9 月 19 日の保存サイトによってかろうじて見ることができる。

　なお、第 1 章（4）で言及した「当館作成データベースの提供方針」も 2000 年 3 月に「国立国会図書館作成データベースの提供について」に改められた（『国立国会図書館法規集　平成 13 年度版』参照）。データベースは、「一次情報データベース」と「二次情報データベース」に区分けされ、インターネットで提供するデータベースの種類やデータの範囲については、別途定めるとしている。また、ネットワークによる利用は「検索又は閲覧する目的に限定」し、「一次情報データベースの利用に係る使用料は、当面国立国会図書館の活動を紹介する目的に限り、無料とする」と定め、将来的な有償化への含みを残していた。

（6）2000 年の電子図書館―さまざまな電子図書館

　ここで少し視点を変え、2000（平成 12）年までの時点で、次々に行

われていた日本の電子図書館に関連する取組みを見てみよう。

■大学図書館

　大学図書館については、1992（平成4）年の学術審議会の答申「21世紀を展望した学術研究の統合的推進方策について」（1992年7月23日）において大学図書館の機能強化の中で、早くも「電子図書館の試み」について触れ、1993（平成5）年の同審議会学術情報資料分科会学術情報部会の報告、「大学図書館機能の強化・高度化について（報告）」（1993年12月16日）には、「電子図書館的機能の整備充実の促進」が盛り込まれている。NDLより早く「電子図書館」の用語が使用されている。ここでいう電子図書館機能は、電子媒体資料やオンラインデータベースの導入が主であるが、資料電子化も想定されていた。

　さらに1996（平成8）年には、学術審議会の建議「大学図書館における電子図書館的機能の充実・強化について」（1996年7月29日）において、電子図書館（「電子的情報資料を収集・作成・整理・保存し，ネットワークを介して提供するとともに、外部の情報資源へのアクセスを可能とする機能をもつもの」を指す）の整備を急務とし、特に資料の電子化に焦点をあてている。当時進行中の国内の事例についても紹介され、大学では奈良先端科学技術大学院大学の電子図書館、北海道大、東北大、図書館情報大、筑波大等国立大9校の附属図書館の取組みの事例、NDLの関西館構想、電子図書館研究会によるアリアドネの実験も紹介されている。大学図書館で、もっとも多様性のある電子図書館の取組みが展開された時期であった。

　また、NACSIS-CATを運営する学術情報センター（2000年に国立情報学研究所に改組）は、1990年代初頭から学会等の発行する学術雑誌の一次情報を画像入力し、検索・閲覧するための電子図書館サービスNACSIS-ELSを開発し、1997（平成9）年4月から公開サービスを開

始した。著作権料の徴収を行えるシステムとして開発された点にも特徴があるが、その困難さも課題になった [注12]。海外の科学技術雑誌の急激な電子ジャーナル化に対し、日本における学術情報の電子化の立ち遅れは顕著であり、大学図書館は 2000 年以降、学術情報資源の安定的な確保と発信を課題として、1990 年代の電子図書館路線からの転換を図ることになる。

■公共図書館

　公共図書館については、1997 年頃から、当時の文部省の生涯学習支援を受け、社会教育施設情報化・活性化推進事業を実施する都道府県が、県立図書館が所蔵する貴重書等の電子化に取り組み、インターネットで公開するケースが見られるようになった。山梨県立図書館のデジタルアーカイブ推進事業も先駆的な事例であり、近世・近代の庶民資料を集めた「甲州文庫」が電子化の対象となった。また、岡山県立図書館では、県で推進された岡山県情報ハイウェイ構想のモデル事業に参加する形で、郷土資料の画像情報提供システムを開発し、「デジタル岡山大百科」へと発展させていくことになる。秋田県立図書館も、音声による民話の採取など地域特有のコンテンツを取り入れたデジタルアーカイブを構築している [注13]。

　大学図書館が"電子図書館"をうたい、電子情報に関する多様な機能を追求していたのに対し、公共図書館を代表する都道府県立図書館は、地域の貴重資料の電子化と公開を主軸にしており、90 年代から"デジタルアーカイブ"という語を用いていたことは注目してよいだろう。

■政府機関

　政府機関においては、1998（平成 10）年度から「行政情報化推進計画」(1994 年 12 月 25 日閣議決定。1997 年 12 月 20 日改訂)に基づき、

行政情報のインターネット提供、データの標準化、総合案内クリアリングシステムの整備等が図られることになる。

特許庁は、1999（平成 11）年からその名も「特許電子図書館」をインターネットで公開し、特許公報等の膨大な資料が検索・閲覧できる画期的なサービスを開始した（後に独立行政法人工業所有権情報・研修館が運営）[注14]。また、2001 年 11 月に国立公文書館に開設されることになるアジア歴史資料センターによる近現代のアジア歴史資料のデジタルアーカイブ構築も進みつつあった [注15]。

2000 年には「高度情報通信ネットワーク社会基形成本法（IT 基本法）」が制定され、内閣に設置された IT 戦略本部が同年 11 月に「IT 基本戦略」を策定し、さらに電子政府への動きが加速することになる。

■民間

このような動きよりもさらに早く、1997（平成 9）年には「青空文庫」(https://www.aozora.gr.jp/) が、"インターネットの電子図書館"として開設されている。「青空文庫」は、著作権の保護期間が終了した著作をボランティアの手によってテキスト化し、誰もが読める形で公開するサイトである。公的な機関の「電子図書館」が事業を終了したり、あるいは別の事業に移行していく中で、明確なポリシーによって運営され、四半世紀を超えて現在に至っている。

■電子図書館関係図書

電子図書館に関する著作も多く出版されている。1998（平成 10）年には、長尾真、原田勝らとともに電子図書館研究会で活動した谷口敏夫が『電子図書館の諸相』（白泉社）を刊行し、日本や米国のプロジェクトを紹介し、その多様性について考察している。1999（平成 11）年には原田、田屋の編になる『電子図書館』（勁草書房）が刊行された。

　それより早く 1996 年には、根本彰他の翻訳による W.F. バーゾール（Birdsall）著の『電子図書館の神話』（勁草書房刊。原著は 1994 年刊）が刊行されている。図書館の情報化に関する数々の論説を批判し、「壁のない図書館」として信奉される電子図書館より「場所としての図書館」を重視する本書がいち早く刊行されたことは、日本において電子図書館がブームと言えるほどの高まりを見せていたことを示すものだろう。

　一方で、津野海太郎による『だれのための電子図書館？』（大日本印刷 ICC 本部、トランスアート（発売）、1999 年刊）は、出版に携わってきた著者が、『季刊・本とコンピュータ』[注16]等に掲載した著述を収録・編集したものである。標題となっている 1997 年の著作は、米国議会図書館による「アメリカン・メモリー」の確かな姿勢に対し、日本の電子図書館の推進、例えば通産省が主導する IPA パイロットは、「電子産業の基盤を強化する新しい情報処理技術の開発が主目的」であり、一般市民や図書館関係者がほとんど関心を持たないものになっていると鋭く批判している。また、計画中の NDL の関西館を「わが国最初の電子図書館」と表現し、その哲学が示されるべきであると述べている。収録されている座談会「電子図書館で何を変えるか」（1998 年）には田屋も出席し、津野の批判が「急ぎすぎ」であり、検証を経てようやく「理念について考える段階」になったと述べている。そして、その段階こそが「構想」の策定であったことになろう。

■電子図書館の会議

　NDL は、1998 年度から電子図書館事業を進める図書館や機関との連携・協力を促進することを目的として「電子図書館全国連絡会議」を開催することになった。「NDL 月報」No.470（2000 年 5 月）には、第 2 回にあたる 2000 年 3 月 9 日開催の「平成 11 年度電子図書館全国連絡会議」に関する記事が掲載されており、公共・大学図書館や関連機関等

17機関（オブザーバ機関を含む）が参加して電子図書館事業について
事例を報告したことが紹介されている。参加機関は、公共図書館は3館、
大学図書館が5館（すべて国立大）、政府機関・情報機関は、総務庁統
計図書館、文部省学術情報センター、特許庁工業所有権総合情報館およ
び科学技術振興事業団の4機関であった[注17]。国立公文書館、総務庁
行政管理局等もオブザーバ参加していた。ここでは当時の組織名をその
まま使用したが、政府機関は2000年度の省庁再編を目前に控えていた
ことになる。

　なお、2000年11月13〜16日には京都大学を会場として「2000
年京都電子図書館国際会議」が開催されている。当時京都大学総長の長
尾真の基調講演のほか、内外から多数の報告が行われ、「電子図書館京
都コミュニケ」が発表された[注18]。

　津野の批判のとおり、電子図書館は官主導の情報政策の一つとして
浮揚し、投入される資金こそがそのブームをもたらした面は否定でき
ない。しかし、1990年代、多くの機関が電子情報に対する取組みへと
いっせいにスタートラインを切った。そして、2000年という時点は、
それぞれの機能を求めて方向づけをしようとする分岐点だったとも考え
られる。"電子図書館"の名のもとにその協力関係を模索しようとした
NDLの「電子図書館全国連絡会議」は、それ以後2003（平成15）年
度まで毎年度開催されている。

（7）構想から計画へ―「電子図書館サービス実施基本計画」

　2000年3月、NDLは「構想」に基づき、「電子図書館サービス実施
基本計画」（以下、「基本計画」）[注19]を策定し、2002年の関西館開館
に向けて実施を計画する電子図書館サービスの準備作業に着手すること
になった。また、2000年11月に成立した2000年度補正予算で初め

(1)　館が単独で、又は他の機関と共同で作成するもの 　　ア　一次情報、　イ　二次情報、　ウ　一次情報及び二次情報を編集し、付 　　加価値を加えたもの、　エ　レファレンス系電子情報、　オ　館の刊行物
(2)　他の機関が作成するもの 　　ア　ネットワーク系電子出版物、　イ　パッケージ系電子出版物

て電子図書館コンテンツ構築経費 1 億円余を計上、2001 年度から予算化が行われることになった。これについては後段で少し補足することにする。

　基本計画では、「構想」に示した「電子図書館の「蔵書」の構築、電子図書館サービス実施のためのシステム構築を段階的に進めるとし、提供する「蔵書」の種類を上表のように分類している。

　また、その具体的な方針を、「「蔵書」の構築に関する指針」および「ネットワーク系電子出版物の収集及び提供に関する指針」で定めている。

　「蔵書」構築については、2000 年度から 01 年度にかけて、NDL 所蔵の明治期刊行図書（約 17 万冊）の約 3 分の 1 にあたる社会科学および人文科学の図書を電子化することを明確化した。ほかに劣化の激しい第二次世界大戦直後の和図書、貴重書も対象とした。電子化にあたっては、まず対象とする図書の著作者の没年や所在を洗い出す著作権調査を行い、著作権が消滅しているものを優先的に電子化し、それ以外は著作権処理を行ったのちに電子化する手順とした。2002 年度以降は、明治期刊行図書の残りの分野、大正期刊行図書、昭和前期刊行図書の順で順次電子化を進め、「構想」に挙げられた刊行頻度の高い国内刊行雑誌等については、著作権処理を容易に実施できる環境が整ってから実施するとした。「構想」の電子化の優先度から見ると「国の文化遺産としての図書館資料」が選択されたことになる。

　ネットワーク系電子出版物の収集および提供については、対象を行政

機関が作成する情報、学術情報等を優先し、前者については白書、業務
報告、決算報告等、後者は紀要類、学術論文等の電子化情報を想定し、
作成機関との協議によって決定するとした。収集・保存は記録媒体に固
定して行い、「電子化情報総合目録（仮称）」を構築しアクセス手段とす
ること、その総合目録には固定せず発行機関へのリンク（無償または有
償）を行うのみのものも収録することも想定している。

　これら事業の実施およびサービスの提供のための情報システムとし
て、「電子図書館基盤システム」のサブシステムの位置づけである「電
子図書館サブシステム」を開発することとし、その開発も含め、実施の
準備は推進室が体制を整備して行うことも書き込まれた。ただし、関西
館開館時には関西館においてこれらの業務を担当することが企図されて
いた。

　電子図書館関係の予算については、「NDL月報」No.481（2001年4月）
p.10-14に「国立国会図書館の平成一三年度予算について」と題する記
事が掲載されている。2001年度のNDLの予算総額は307億7,460万円、
関西館の開館および国際子ども図書館の全面開館を翌年度に控え、前年
度より7.5%増額されている。電子図書館コンテンツ構築のための経費
約1億8千万円を計上したことも紹介され、付随して掲載されている「＜
平成一三年度予算の中から＞電子図書館コンテンツの構築—明治期刊行
図書の電子化」という記事の中では、約17万冊の明治期刊行図書を3
年度で電子化する計画であること、ある時期の刊行物を網羅的に電子化
する事業が世界でも例が見られないこと、技術的課題や著作権の手続き
の想定等について、推進室長へのインタビューの形式で説明されている。

（8）「基本計画」による準備作業の開始と推進室

　「基本計画」の策定により2002年度に向けての計画が絞り込まれ、

道筋が明確になる中で、2000 年度からは推進室の人員を増強しながら、準備作業および検討作業が一挙に本格化することになる。

　推進室長の田屋は 2000 年 4 月に収集部外国資料課長として異動し、いったん電子図書館事業から離れることになった。図書部図書整理課の課長補佐であった中井万知子が、その後任として任命された。ここで私の"悪夢の電子図書館時代"が始まることになる。本章（7）の最後に述べた記事で、インタビューに答えているのはすでに中井推進室長である。多大なエネルギーとバイタリティで NDL の電子図書館の扉をこじ開けたのは田屋の功績であり、協力事業、「構想」から「基本計画」までの道筋を切り開いてきた。IPA に出向して大規模なパイロット事業を仕切ってきた田屋によって、外部の力を取り入れた新しい手法が NDL にもたらされたと言える。しかし、もちろんそれは田屋だけの力ではなく、個人というよりは組織によって事業を遂行していく体制が求められるような時期が来ていたと言ってよかろう。

　個人が目立つという文化は、NDL という組織にはないと言ってよい。また、800 名を超える職員数を抱えながら、国会サービス、収集、整理、閲覧業務などそれぞれの部署で専門化、分業化された業務に従事している職員にとっては、いくら「構想」が策定されようと電子図書館は直接の関心事からは遠いところにあったと言わざるをえない。多くの計画が同時進行する中で、電子図書館に関わる組織や担当者の裾野を広げ、新たな計画を実質的な業務として落とし込むことが次の課題となっていたと言えよう。

〈注〉 ……………………………………………………………………………………………

[注1] 電子図書館推進会議のメンバーおよび当時の所属等：原田勝（図書館情報大）、稲垣謙三（IPA）、大山敬三（学術情報センター）、小室信三（JST）、杉本重雄（図書館情報大）、筒井誠（電子出版協会）、長谷川秀記（同）、松岡正剛（編集工学研究所）、松本侑子（作家）、山崎久道（宮城大学）、吉田大輔（横浜国立大大学院）。報告書本文は「七十年史 資料編」（主要文書 no.3）または WARP の「国立国会図書館について．電子図書館プロジェクト」にあり。

[注2] 2000（平成12）年の改正まで、国立国会図書館法第24条1項は、次の8種を納入の対象として規定していた。一 図書 二 小冊子 三 逐次刊行物 四 楽譜 五 地図 六 映画技術によつて製作した著作物 七 録音盤その他音を機械的に複製する用に供する機器に写調した著作物 八 前各号に掲げるものの外、印刷術その他の機械的又は化学的方法によつて、文書又は図画として複製した著作物

[注3]『答申 21世紀を展望した我が国の納本制度の在り方―電子出版物を中心に』納本制度調査会，1999.2.22.（info:ndljp/pid/1001007）

[注4]「国立国会図書館法の一部を改正する法律」（平成12年法律第37号）は2000年4月7日に公布、同10月1日施行。国立国会図書館法改正により、[注2]の納入対象として「九 電子的方法、磁気的方法その他の人の知覚によっては認識することができない方法により文字、映像、音又はプログラムを記録した物」が追加された（六〜八にも文言の改正あり。現行条文は巻末参考資料参照）。

[注5] 著作権保護期間は、著作権法第51〜58条で規定されている。「構想」策定当時は別段の定めがある場合を除き著作者の死後50年（第51条）と定められていたが、環太平洋パートナーシップ協定（TPP）の発効により、2018（平成30）年12月30日に改正され、死後70年に延長された。

[注6] 著作権法第67条は、公表された著作物の著作権者が不明等により、相当の努力を払っても連絡できない場合、文化庁長官の裁定を受け、使用料に相当する補償金を供託して利用することができる規定。2018年の著作権法改正によって、2019年1月1日から国等は供託金を要しないことになった。

[注7]「国立国会図書館組織規則の一部を改正する規則」（平成12年3月24日制定）「NDL月報」(457) 1999.4, p.33. 本文で引用したのは、第6条の総務部企画課

の所掌部分。

［注 8］「和図書データの当館ホームページへの掲載について」「NDL 月報」(426)1996.9, p26 には、「ホームページで提供するデータベースは、「当館作成データベースの提供方針」（本誌 415 号参照）により、当館業務の紹介・広報の範囲に止めることとしており、今回の和図書データのホームページへの掲載もこの方針に従い、当分の間、試行的に提供するものである。」と記述されている。なお、当時の NDL ホームページへのアクセス数は日平均約 300 件であったことも紹介されている。

［注 9］「ディジタル貴重書展」(https://www.ndl.go.jp/exhibit/50/index.html) は、現在でもリニューアル版が NDL のウェブサイトで公開されている。1998 年当時のコンテンツは WARP に保存されている。

［注 10］1999 年 7 月に館内閲覧用に提供が始まった Web-OPAC は、和図書 230 万件、洋図書 20 万件、和・洋逐次刊行物 15 万件、雑誌記事索引 200 万件を同一画面で検索することができた。NDL の OPAC の変化は「NDL 月報」(681)2018.1, p.16-21 の記事「NDL と OPAC 1989-2017」に見ることができる。

［注 11］大山英久「国会の調査業務向上と情報の公開に向けて―国会会議録フルテキスト・データベースと国会サービスの拡充について」「NDL 月報」(454)1999.1, p.14-22。

［注 12］NACSIS-ELS は、国立情報学研究所の情報サービスの進展により、2006（平成 18）年には CiNii に一元化され、2014（平成 26）年以降、学会等の学術雑誌の電子化支援事業は JST の J-STAGE に統合されることになった。上村順一「国立情報学研究所における電子図書館事業の変遷」『情報の科学と技術』69（11）2019 参照。

［注 13］山梨県立図書館は「山梨デジタルアーカイブ」(http://digi.lib.pref.yamanashi.jp/da/top)、岡山県立図書館は「デジタル岡山大百科」(http://digioka.libnet.pref.okayama.jp/)、秋田県立図書館は「デジタルアーカイブ秋田県立図書館」(https://da.apl.pref.akita.jp/lib/) を公開中。

［注 14］2015（平成 27）年 3 月に「特許情報プラットフォーム」(https://www.inpit.go.jp/j-platpat_info/index.html) に移行した。

［注 15］「アジア歴史資料センター」(https://www.jacar.go.jp/) は、国立公文書館、

外務省外交資料館、防衛省防衛研究所戦史研究センター所蔵の史料を電子化。

［注 16］『季刊・本とコンピュータ』大日本印刷 ICC 本部，トランスアート（発売），
1999 -2001，第 2 期 2001-2005。

［注 17］総務部企画課電子図書館推進室「平成 11 年度電子図書館全国連絡会議の
開催」「NDL 月報」（470）2000.5, p.16-17 によれば、参加機関は、総務庁統計
図書館、文部省学術情報センター、特許庁工業所有権総合情報館、科学技術振興
事業団、秋田県立図、山梨県立図、大阪府立中央図、図書館情報大学、東京大附
属図、横浜国立大学附属図、奈良先端科学技術大学院大学、京都大学附属図。オ
ブザーバ参加は、国立公文書館、総務庁行政管理局、文部省生涯学習局および学
術国際局、通商産業省機械情報産業局、国公私立大学図書館協力委員会。なお、
第 1 回の会議は 1998 年 12 月 4 日開催で「NDL 月報」（455）1999.2, p.30 に
短報が掲載されている。参加機関は 10 機関で 2 回目とほぼ同じ。

［注 18］京都大学電子図書館国際会議編集委員会『2000 年京都電子図書館国際会議：
研究と実際』日本図書館協会，2001。

［注 19］「電子図書館サービス実施基本計画」国立国会図書館総務部企画課，2000.
本文は「七十年史　資料編」（主要文書 no.9）または WARP に保存されている
NDL の過去のページ「電子図書館プロジェクト」にあり。

第 5 章

2002 年の電子図書館

　ご存知のとおり、私たちは、以前には不可能であった、文化資産に対するユニバーサルなアクセスを提供する機会に恵まれています。膨大な文化資産のコレクションを持ち、これを誰もが利用できるようにするという理想が今や現実のものとなっています。それは、そのための技術が利用できるようになったからです。（中略）しかし、電子的に蓄積し、インターネットを用いて配信する技術以上に、必要な第三の鍵があります。それは、オープンな社会を作るという政治的な意志です。情報にアクセスすることが、許されるというだけでなく、推進される社会です。それは、知識経済と情報経済が成功する上での重要な試金石となります。ですから、こうした機会を組み合わせることで今までとは違う何かができると私は信じていますし、図書館の世界とコンピュータの世界が融合し始めているこの時代に生きていることをすばらしいと思います。

ブルースター・カール（Brewster Kahle）「電子情報へのパブリック・アクセス ―図書館の役割、権利及び責任」『文化資産としてのウェブ情報―ウェブ・アーカイビングに関する国際シンポジウム記録集』NDL，2002，p.8-14 より

　東京本館、関西館および国際子ども図書館の三つの施設にサービス拠点が拡大した本年度は、長年の構想の実現により、国立国会図書館の新世紀の始まりとも言えよう。もとより「これまではほんの序の口」（シェークスピア）、国立国会図書館の使命に照らし、真価が問われるのはこれからである。

安江明夫「離陸した国立国会図書館関西館」「NDL 月報」No.500
（2002 年 11 月）p.8-11 より

　2002（平成 14）年 10 月 7 日、NDL の関西館は関西文化学術研究都市の精華・西木津地区（京都府相楽郡精華町）に開館した。冒頭の二つめに引用した文章は、「NDL 月報」No.500（2002 年 11 月）の「特集・国立国会図書館関西館」の中で初代の関西館長安江明夫（1945-2021）が執筆した記事の結びの部分である。シェークスピアの引用は、『テンペスト』からの "What is past is prologue" で、米国国立公文書館の入口の彫像にも刻まれている [注1]。特集には、関西館事業部電子図書館課名義による「電子図書館サービスの新たな展開」も掲載されており、新組織による新しいサービスの開始を告げている。

　本章では、まずはそこに至るまで、2000 年度からの準備作業について見ることにする。今後の電子図書館事業の枠組みづくりの作業は、ほとんどがこれまでになかったものであり、その検討は非常に錯綜している。ここではその中でも大きな柱である「資料の電子化」および「ネットワーク情報資源の収集・保存」に絞ってその経緯を見ることにする。そして、2002 年の段階で何が実現したのか、その "離陸" の様相について見ることにしたい。

（1）　「基本計画」の推進

　第 4 章で述べた「構想」に基づく「基本計画」による NDL の電子図書館事業の準備作業は、総務部企画課電子図書館推進室（以後、推進室）によって進められた。推進室は、1999（平成 11）年 4 月に企画課の課内室として発足し、電子図書館事業担当の主任参事であった田屋が初代の推進室長に任命され、事業の推進や「基本計画」の策定にあたった。2000（平成 12）年 4 月に中井が推進室長を引き継ぎ、2002 年 4 月の関西館設置までの 2 年間「基本計画」の実施を担当することになる。

　その経緯を述べるにあたって、ある程度著者の個人的な記憶が混じることをお許しいただきたい。もっとも、著者にとってはこの 2 年間が電子図書館にもっとも直接に関与した時期であるにもかかわらず、正確に記憶していることが思いのほか少ないのは、あまりに短期間のうちに流動的に作業が進められたということを示すものでもあろう。

　第 3 章の最後で述べたとおり、私は 1995（平成 7）年から 3 年間総務部人事課で任用業務に従事し、1998（平成 10）年 4 月にもとの職場であった図書部図書整理課に戻り、部全体の庶務を担当する課長補佐を務めることになった。図書整理課は図書部の筆頭の課であったことによる。

　整理現場にも変化の波はあり、長期間にわたって総務部情報システム課によって開発されてきた和図書の整理業務のオンラインシステムが稼働していた。関西館設置の動きも本格化し、1998 年には「電子図書館基盤システム」開発に先駆け、業務再構築を視野に入れた全館的な業務分析がコンサルタント系のシステムベンダーによって行われ、新しい手法に館内が騒然となった。

　また、部内の図書閲覧課は、所管する膨大な図書への遡及的なバーコードラベル貼付作業を進めていた。バーコードによって資料を一点一点管

理することで、検索システムを経由した資料の閲覧申し込みに対応するという、来るべきサービスの実現を目指していたのである。さらに、蔵書目録の遡及入力が一段落した書誌課は、関西館に移送する複本資料を整備する業務を受け持ち、やはりバーコード貼付作業に追われていた。私の役割は、各課の作業や物品の調達について総務部会計課との仲立ちをすることがかなり多く、基本的には物理的な資料に関する仕事をもっぱらにしていた。

　当時書誌部門で行っていたネットワーク系電子出版物の書誌情報作成に関する検討会のメンバーであったことはあるが、電子図書館の動きにはまったく疎く、「構想」さえろくに読んだことがなかった。2000 年 3 月末に新任管理職として電子図書館推進室長の内示があったときの驚きと不安は言い尽くせない。

　第 2 章で述べたように、業務機械化と書誌作成との関連は非常に強く、業務機械化室長や総務部情報システム課の課長は書誌部門から配属されることが多く、それが踏襲されたのかもしれないが、いくら何でもと思った。内示があってから田屋と国会の中の食堂に昼食に行き、不安を訴えたことがあったが、田屋は自分がこれまで道を整えてきたので、何の問題もないといった口ぶりだった。その時、「インターネットは、やってる？」と聞かれたことを覚えている。まだそのような時代だった。

　さて、2000 年 3 月末までの時点では、推進室は室長を含め 3 名で電子図書館に関する計画の策定・調整、NDL ホームページの編集作業にあたっていた。推進室は企画課の中の組織で、4 月に配属されたときには本館 4 階の企画課の片隅に推進室のブロックがあった。3 月 22 日に新しいホームページが公開されたばかりで、「貴重書画像データベース」にアクセスが集中して不具合が起こり、担当業者が説明に出入りしたり、ホームページ編集担当者は産休に入る寸前なのに仕事に追われていたり

で、何か殺伐とした感じだった。もっとも、4月中には資料電子化やホームページの新しい担当者として、3名が室に異動してくることになっていた。

　推進室は課内室だったこともあり、その体制の変化を追うことは難しいが、2000年4月の増員から徐々に人員が手当され、2001（平成13）年末の段階では職員8名と非常勤職員2名の体制になっていたと考えられる [注2]。企画課の課長は、全館的な計画の立案や進捗管理だけでなく、電子図書館準備のための体制の強化にも苦心していた。当然企画課の本室には入りきらず、推進室は3階の空きスペースに移り、「五十年史」の編集委員会としばらく同居していた。

　当時、総務部情報システム課が担当する「電子図書館基盤システム」（以下、「基盤システム」と略する）の開発も本格化しており、その開発のためにも館内から職員がかき集められていた。第4章でも述べたように、「基盤システム」は、「電子図書館」を冠しているものの、新しく立ち上げる電子図書館サービスではなく、資料の収集、整理から提供までを司る業務システムをその中核とするものであった。これまでいくつものデータベースに分散していた書誌データを統合的に管理し、資料の個別管理を行い、OPACの検索結果から資料の閲覧や複写の申し込みを受け付けるといった新機能を実現するためのいくつかのサブシステムから成り、まさしくNDLの基幹システムであった [注3]。そのために現場と開発部門をつないで仕様調整を行う担当者が必要で、多くの若手職員が情報システム課に配置されていた。新しい電子図書館サービスのためのシステムは、ややこしいことに「電子図書館基盤システム」の「電子図書館サブシステム」と名づけられ、2000年10月から推進室が開発を担当することになっていた。その開発仕様書は、田屋の後任としてIPAに出向し、出向から戻って推進室に配属されていた主査が一人で書き上げたことになる。

　それまでNDLの情報システムに関する業務は、コンピュータの導入を開始した一時期、システム会社から核となる職員を採用したことはあったが、通常の職員採用試験で採用した職員を配属することで開発・運用を行ってきた。しかし、システム環境の変化に伴い、当時の文部省および学術情報センターとの人事交流、さらにIPAへの出向経験等によって、館外の組織でシステム構築やネットワークの新しい知識を身につけた職員の力が欠かせなくなった。しかし、新システムの開発や電子図書館事業への着手でシステム関連業務が膨れ上がる中で、人材は足らず、立ち行かなくなるのは目に見えていた。

　NDLは、2000年から、情報システムや電子図書館業務に限定した職員選考採用試験を導入し、このような業務に対する即戦力を確保する方策をとった。そのため、推進室のメンバーは、館内からの異動に加え、情報システム関係の選考採用者など、出来得る限りの手を尽くして集められていたと言ってよいだろう。東京工業大学の電子図書館の構築に携わった経験を持ち、当時の文部省からNDLに出向していた尾城孝一氏にも他部から異動してもらった。そして、事業の柱である資料電子化、ネットワーク情報資源の収集・保存計画、さらにはこれら二つの業務を実施しサービスを提供するための「電子図書館サブシステム」の開発に着手し、2002年度に発足予定の関西館の電子図書館担当組織に引き継ぐことになっていた。同時に、推進室のメンバーは関西館に赴任し、その組織の中心になることが期待されていた。関西館には総勢100人規模の職員が配属されることが想定され、これまで基本的に東京本館内と2000年5月に部分開館する国際子ども図書館の間での異動しかなかったNDLの職員にとっても、変化が待ち受けていた。ちなみに情報システム関連の選考採用試験はその後もたびたび実施され、外部の図書館、研究機関、民間企業等から採用された職員がNDLでも業務経験を積み、現在ではNDLの情報システム関連業務の主要なポストに就くケースが

多くなっている。

　次項（2）では、まず資料電子化の準備作業の状況について、そして（3）では、まったく新しく立ち上げられることになったネットワーク情報資源に関する取り組みの出発点について、やや細かく見ることにしたい。

（2）　資料電子化

■明治期刊行図書の電子化

　白紙状態からスタートすることになるネットワーク情報資源の計画に比べると、資料の電子化は、膨大な資料を蔵書として持つ国立図書館にとっては、王道とも言える電子図書館プロジェクトである。たとえば米国議会図書館は、「アメリカ・メモリー」で電子化した多様な文化資産によって、テーマ性のあるコンテンツを作成・公開し、フランス国立図書館は所蔵する膨大な蔵書の電子化によって "Gallica" を公開、中国国家図書館も大規模な電子化を進めていた。NDL においても、第 1 章で述べたように IPA とのパイロット事業等による実験の積み重ねがあり、3 月には「貴重書画像データベース」も一般公開していた。しかし、「基本計画」の「「蔵書」の構築に関する指針」で電子化の対象としたのが、NDL が所蔵する明治期刊行図書約 17 万冊（約 10 万件）のすべてであることは、ある時代に出版された書籍を網羅的に電子化し、しかもインターネットでの公開を意図するという意味で、他に例がないような計画だった。

　明治期刊行図書が最初のコンテンツとして選択された理由としては、近代日本が形成された時代を映し出す出版物の集合体であり、新たな研究に道を拓くという学術的な意義の大きさがある。NDL にとっては、帝国図書館時代から引き継がれた基幹コレクションとして目録情報も整備されていたこと、その年代（1867 ～ 1912 年）から見て、著作権の

保護期間（当時は没後 50 年）が満了した著作が多いと見込まれたことがある。さらに、1989（平成元）年から 3 年をかけ、丸善株式会社（現在は丸善雄松堂株式会社）による NDL 所蔵明治期図書のマイクロ化のプロジェクトが行われ、資料保存のためのマイクロフィルムの撮影が終了しており、マイクロフィルムを電子化および著作権処理作業に使えるというコストや工程上のメリットがあったことも大きい。図書館の資料保存のためのメディア変換は写真撮影によるマイクロフィルムの製作が基本であり、電子化は撮影済のマスターフィルムを複製したデュープフィルムを使って行う手順となっていた。短期間に大量の電子化資料を公開するためには、既存のマイクロを使用する手段しかなかったとも言えよう。

「電子図書館サブシステム」の開発では、目録情報を検索に用い、マイクロから生成した画像データを表示し、テキスト入力した目次と画像をリンクさせる画像データベースの設計が進められることになる。しかし、もっとも先行すべきものは著作権処理作業であった。

■著作権調査

著作権法では、図書館による保存のための所蔵資料の複製は認められていても、さらに電子化してインターネットで公衆送信するためには著作権処理が必須となる。NDL の計画では、その対象は膨大であり、外部委託による調査を調達することも必須だった。資料電子化の担当は 4 月に推進室に配属された 2 名で、主担当の職員は古典籍課で貴重書の電子化の経験はあったとは言え、著作権調査の仕様書作成という未知の仕事に取り組まなくてはならなかった。

第 4 章（3）で述べた国際子ども図書館の著作権処理手順を参考に、推進室内での議論を経て仕様書が作成された。2000 年 12 月には受託業者を決定し、1 期約 7 万冊の明治期刊行図書等の著作権調査に着手し

た。3 か年の計画のうち第 1 期の調査対象分野は、人文科学（NDC 分類に基づき、哲学、歴史、芸術および文学）および法律分野を除く社会科学であった。

その手順、経緯および結果については、「NDL 月報」No.511（2003年 10 月）p.1-9 に掲載された「明治期刊行図書の著作権調査—資料電子化の舞台裏」（関西館事業部電子図書館課）に詳しい。

まずは図書の著作者を洗い出すために、マイクロフィルムを確認して著作者の名前の表示があるページを紙焼き（プリント）し、名前等の必要な情報を記録する。目録情報には著者や編者が当然記録されているが、電子化の場合は、資料の序文の執筆者や口絵の作者等、その資料に対してなんらかの著者性がある者（役割はさまざまだが、ここでは「著者」と総称する）が調査の対象となった。そのため、マイクロフィルムを 1コマずつ確認することが洗い出しの前提となった。また、テキスト入力した目次を画像データベースの検索や画像とのリンクに用いるため、目次部分も紙焼きした。

次に、洗い出した著者名を、まずは NDL の著者名典拠データベース、さらに人名辞典等の人名調査用ツールと照合し、生没年を徹底的に調査する（次ページ図 19 参照）。個人の場合は特に没年が重要で、没後 50 年（2018年の著作権法改正により 70 年に延長）経過していることが判明すれば著作権の保護期間は満了しており、その人物の著作は許諾を得ることなく電子化し、インターネットでも公開可と判断できる。また、団体の場合は公表後 50 年経過していれば、同様に扱うことができる。

しかし、国際子ども図書館の事例からも予想されたように、没年の判明率は低く、著作権の有無が不明の図書は多数にのぼった。さらに、複数の著者による図書の場合、すべての著者の著作権の有無が判明しなければならない。著者が多数存在する、日本の著作権法が適用されない

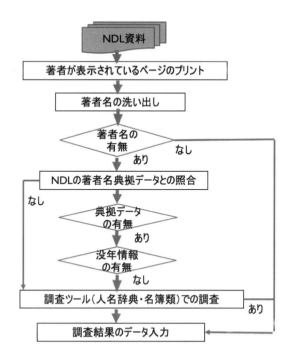

（図19）著作権調査の流れ
「NDL月報」No.511の記事を参考に作図

　外国人である等の理由で、当初から調査対象から外された図書もある。
2003（平成15）年に3期にわたる明治期図書の調査が大方終了した段
階では、約10万6千件の調査対象のうち、33％に当たる約3万5千
件が著作権保護期間満了であることが判明した。判明率は、ほぼ3分
の1であったことになる。
　後に述べるように、第1期の調査対象となり、著作権保護期間満了
が判明した図書の電子化画像は、2002年10月に新たな電子図書館サー
ビス「近代デジタルライブラリー」の最初のコンテンツとして公開され
た。その後も、著作権処理は、想定した処理フローに基づき、次のフェー

ズへと粛々と進められていくことになる。

（3）　ネットワーク情報資源に関する取組み

■前提

　まず、ここで使用している「ネットワーク情報資源」という語は、1999（平成 11）年 2 月に NDL の納本制度調査会が電子出版物の収集に関して答申を行った際、「パッケージ系電子出版物」の対概念として使用された「ネットワーク系電子出版物」とほぼ同義と考えていただきたい。

　第 4 章（3）でも述べたように、納本制度調査会の答申「答申　21世紀を展望した我が国の納本制度の在り方―電子出版物を中心に」（1999 年 2 月 22 日）は、有形の媒体に固定された「パッケージ系電子出版物」に対し、「通信等により送受信するもの」が「ネットワーク系電子出版物」であり、最も広義には放送番組も含むとし、非常に広くとらえている [注4]。しかし、電子書籍や電子ジャーナルだけではなくウェブサイトやソーシャルメディア等をすべて「ネットワーク系電子出版物」の語で括るのは、なかなかに説明がしづらい。そのため、本書では図書館情報学の分野でよく用いられる「ネットワーク情報資源」という語を主に使用したいと思う [注5]。

　ただし、NDL の電子図書館の「構想」および「基本計画」では、NDL の公式用語といった感じの「ネットワーク系電子出版物」の語を用いている。「ネットワーク系電子出版物」（適宜、「ネットワーク系」と略す。NDL 内ではさらに略して、「パ系」・「ネ系」という略語が使用される場合もあった）に対する「構想」の考え方は次のとおりである。

　「印刷物の旧版のように保存されなく、修正、変更、削除等が行われるとそれ以前の情報は消滅する場合が多い。これらのネットワーク系電

子出版物のうち、特に学術的価値の高いものについて、文化遺産としての図書館資料の保存とそれへの永続的なアクセスの提供の観点から、修正、変更、削除等がされる前のものを含めて電子図書館で収集し、保存する。」(「構想」p.9 からの引用)

前述した納本制度調査会答申では、「ネットワーク系」は納本制度に組み入れず、「館がその提供するサービスのために学術雑誌、政府出版物等の必要、有用と認めるものを選択し」、納入以外の利用契約等の方法で収集に努めるべきであるとしている。また、納本制度に組み入れない理由として、収集・保存のための情報の「固定」が、情報の発信者の表現の自由等の権利に抵触するおそれ等を挙げ、国民の意識が変わる等の状況の変化があれば、「ネットワーク系」の納入について改めて検討するとした。

「構想」では、答申の選択的収集の考え方に沿いつつ、新たな知的資源でありながら、そのままでは失われやすい「ネットワーク系」の文化資産としての保存に、より踏み込んでいると言えよう。そして、「基本計画」(第 4 章 (7) 参照) に付属する「ネットワーク系電子出版物の収集及び提供に関する指針」では、その収集対象、収集の方法、提供形態、業務体制について、やや具体化している。

収集対象としては、(1) 行政機関が作成する国の情報 (たとえば白書、報告書、統計情報等)、(2) 国内の学術情報 (たとえば紀要類、学術論文等)、(3) 国内の図書館の電子図書館サービスで提供されているもののうち NDL が必要とするもの、(4) 外国の学術雑誌、(5) 外国政府機関、国際機関等が作成するもののうち必要とするもの、の 5 類型であり、収集方法としては情報発行者の許諾を得た上での「固定」と「リンク」の二つの方法が想定されていた。

「固定」による保存 (対象とする情報を NDL が電子的に複製し、アーカイブする) は、(1)、(2) を主な対象とし、(3) については書誌情報 (メ

タデータ）を作成して「電子化情報総合目録（仮称）」に登録し、リンク対象とすることが想定されていた。(4) の外国電子ジャーナル等については、「基本計画」としては網をかけたものの、その導入は当時の収集部門の課題となっていた。

　タイトルの「指針」という語のとおり、この文書はあくまで方向性を示したものであり、膨大なネットワーク情報資源を前にして、実際の収集ターゲットを定め、技術的な裏付けを得て、業務モデルを構築する作業が、この時点から始まったのである。そして、事業の対象とする「ネットワーク系電子出版物」の範囲をいかに絞り込み、どのような用語で表現するかは、その後の事業の進行と深く係わり、その変転を示すことになる。

■検討の始まり

　ネットワーク情報資源に関する検討は、その書誌情報にあたるメタデータの検討から始まった。「電子図書館サブシステム」のネットワーク情報資源関連システムは、2000 年度は第 1 期としてメタデータの入力や管理のプロトタイプの開発に着手し、2001 年度に収集機能のプロトタイプを開発し、2002 年の本格稼働を目指す想定になっていた。

　2000 年 6 月には図書部の書誌担当者と推進室のメンバーによるメタデータ検討ワーキンググループが編成され、10 月には推進室宛ての報告書が提出された。最終的には 2001 年 3 月に「国立国会図書館メタデータ記述要素」として正式に策定されている [注6]。その特徴は、従来図書館で使われてきた目録規則ではなく、ネットワーク情報資源の効率よい発見を目的として提唱されていた国際的なメタデータ基準である「ダブリンコア（Dublin Core）」[注7] を採用し、NDL の計画のために必要な詳細化を行ったことにある。メタデータに関する検討は、書誌部門出身の私にとってもとっつきやすく、興味のあるものであった [注8]。しかし、

最大の課題は、何をどう集めるのかといった収集そのものの検討である。

　推進室には7月以降ネットワーク情報資源担当の職員が配属され、にわかにその検討が活発化した。入館後の初めての異動で推進室に配属された職員、さらに人事院の情報システム関連の採用試験を経てNDLに採用されたばかりの職員の2名が中心になり、試行錯誤が始まった。文部省から出向していた尾城氏が「電子図書館サブシステム」開発管理を担当しながら検討作業をサポートした。

　作業は調査活動から始まり、インターネットで提供されている情報資源の分析と収集対象の洗い出し、海外動向の調査等が行われた。2001年2月には、大規模な「インターネット上の電子情報資源に関するアンケート調査」を実施している。「NDL月報」No.484（2001年7月）p.12-18に掲載の「インターネット上の電子情報資源に関するアンケート調査結果について」（総務部企画課電子図書館推進室）によれば、国内の約3,700機関（行政機関、研究機関、学会・協会および図書館）にアンケートを発送し、6割強にあたる約2,300機関から回答を得ている。

　アンケートの目的は、各機関の電子情報の状況と、NDLが収集・保存を行う場合の対応の把握である。2001年当時で、ホームページを開設している機関は計画中を含め9割近くであるが、過去の情報の保存については2割でまったく行われていないことが判明した。また、NDLが収集する場合に許諾できるかの問いには、無条件で許諾するが5割近く、条件付き許諾が2割であり、ソフトウェアによる自動収集に対しても半数以上が問題ないと回答している。

　自動収集とは、起点となるURLを指定すれば、リンクをたどってウェブページを収集するソフトウェア（ウェブ収集ロボットあるいはウェブクローラーと呼ばれる）を用いる方法で、ウェブ情報を収集するための現実的な手段として検討対象となり、このアンケート結果によってその

採用についてある程度の感触が得られたと言える。

　諸外国では、巨大な情報提供空間として成長を続けるウェブ（World Wide Web）の特質を重視し、ウェブ情報の収集・蓄積すなわち「ウェブアーカイブ」の多様な取組みがすでに進行していた。たとえばスウェーデン国立図書館は、その国のドメイン（たとえば日本ならば、".jp"）を持つウェブ情報を一括して収集するバルク（bulk）収集を 1990 年代から開始していた[注9]。また米国のインターネット・アーカイブ(Internet Archive, https://archive.org/) も、民間の組織でありながら世界のウェブサイトのアーカイブを行っていた（本章（4）参照）。

　検討を進める中で、「基本計画」で想定していたような業務イメージ―選択して許諾をとった情報資源を収集し、1 点ごとに著作物の単位で保存し、メタデータを付与し、さらに収集を行わない外部の情報資源についてもメタデータを登録し、総合目録を構築する―は、従来の資料の収集・整理作業以上に煩瑣であり、多大な労力とコストを要することが懸念されるようになった。多くの課題の中でも、収集・蓄積する情報の単位（単位の大きさを示す「粒度」という語がよく使用された）に関しての議論は、事業の本質に関わるものであるので、やや詳しく見ておきたい。

■ウェブ情報収集とその課題

　紙資料等の物理的な媒体を持つ資料は、その物理的な単位を基本に取り扱うことができ、収集や書誌情報作成の手法が確立しているため、粒度の設定といった問題は限定的である。第 3 章（3）で紹介した長尾真の『電子図書館』は、冊子体の書物を電子化する場合の情報の単位とリンク構造を分析し、電子図書館の構築モデルを設計する意図を持つものであった。

　その点ウェブ情報は、もともと各種電子ファイルの集合体で構成され

ており、取り扱う粒度をいかに設定するかは、その目的や条件によって可変である。画像やテキスト等の個々のファイル単位、従来の著作物あるいは出版物に類するまとまりを持つ単位（たとえば電子雑誌のタイトル単位、号単位、あるいは論文単位）、また、情報提供の場として機能するウェブサイト自体も、まとまりをもつ単位である。さらに、その国のドメイン全体も、非常に大きな粒度をもつ単位とみなせよう。表に示したように、どの粒度によってアーカイブを行うかによって、技術面、制度面、人的コスト等において大きな差異が生じる。

　このうち従来の著作物や出版物と同様に整った形で対象をアーカイブできるのは「著作物単位」だが、粒度が小さく、対象が膨大になり、人が関与する部分が大きい。ウェブサイトをそのままの形で収集する「サイト単位」は自動収集が基本であり、粒度が大きいだけ人の関与は抑えられる。また、伝統的な資料とは異なるウェブ情報の特質に合致した収集方法と言える。ただし、写真のスナップショットのようにある時点のウェブサイトの断面を固定するに留まり、また、動的に生成される情報、たとえばデータベースに格納されている個々の情報（ディープウェブあるいは深層ウェブと呼ばれる）は収集できない。さらに、国立図書館として従来の納本制度と同様、収集対象の網羅性を追求するならば、日本のウェブ情報を根こそぎ収集するバルク収集を目指すべきではないか。そして、すべての類型において、収集・固定・提供には情報の発信元の許諾が基本となり、実効を得るためには、なんらかの制度的裏付けが必要であることに変わりはなかった。（次ページの表2参照）

　2001年段階の推進室における議論は、「基本計画」の想定である「著作物単位」に対して、「ウェブサイト単位」の収集へと軸足が移りつつあったと言ってよいだろう。

（表 2）ウェブ情報の収集単位

情報の単位	ファイル	著作物	ウェブサイト	ドメイン
粒度 容量	小			大
（例）	テキスト、画像、音声	電子書籍、電子雑誌、電子白書	団体・個人のホームページ	ある国のウェブ情報全体
収集範囲	選択的	選択的	選択的	網羅的
収集方法	―	自動収集、発信者による送信、媒体による送付等	自動収集	自動収集（バルク）
収集・保存される情報の断面	―	発信あるいは更新が行われた時点	定期的にスナップショット	定期的（間隔は長期）スナップショット
メタデータ	自動生成、全文検索等	著作物ごとにメタデータ付与（詳細）	サイトごとにメタデータ付与（簡易）	自動インデクシング
利用提供	―	許諾による	許諾による	限定的

（4）　2002 年に向けて―「推進室」の活動

　『国立国会図書館年報』（以下、「年報」とする）は、NDL が国会に対してその活動を報告する目的で毎年度刊行する報告書であるが、1999（平成 11）年度から「電子図書館事業」が章立てされている［注 10］。そのため電子図書館事業の進捗を概観するには「年報」が便利である。もっ

とも、「年報」に書かれていないことも当然多い。

　2000年10月には入札で「電子図書館サブシステム」の開発ベンダーが決定し、3年度にわたる画像データベース関連システムおよびネットワーク情報資源関連システムの開発が本格化した。2001年には著作権調査を継続し、その結果を受けてマイクロフィルムからの電子化作業の調達も行われた。

　当時の推進室の入口には、古い木製の巨大な作業台があり、著作権調査や「電子図書館サブシステム」の二つのシステムの受託業者と担当者との打ち合わせが頻繁に開かれていた。資料電子化のチームが担当していた画像データベースについては、プロトタイプシステムに電子化済資料のデータを100冊程度登録し、書誌や目次の検索、リンク機能、画像の表示といった一連の閲覧機能のテストも行われた。もう一方のネットワーク情報資源関連システムについても、議論を継続しながら、収集、登録、メタデータ付与、メタデータの検索といった一連の業務フローを反映したプロトタイプが作成された。

　サービス画面のデザインのために、仮称でよいからサービスの名称を考えてほしいと開発ベンダーから要請があったのは2001年も後半に入った頃だったと思う。推進室内で候補を募り、画像データベースには「近代デジタルライブラリー」という名称が提案された。名付け親は、システム関連業務の選考採用試験で大学図書館から転身し、推進室に配属された職員で、明治期から続く時代を視野に入れたスケール感があり、異論は出なかったように思う。略称の「近デジ」もこの時から使われ始めた。またネットワーク情報資源関連システムについては、主担当者がためらいなく「WARP」を提案した。"Web Archiving Program（後にProject）"の略称ということでこれも賛同を得、現在でも「インターネット資料収集保存事業」の愛称として、変わらず用いられている。

　推進室の業務はもちろんそればかりではなく、NDLホームページの

運用を担当し、外部との電子図書館に関する協力事業も継続して行っていた。2000 年 8 月には、第 3 章（5）で述べた「世界図書館（Bibliotheca Universalis）」事業（G7 の電子図書館プロジェクトの後継）のためのコンテンツとして、BBCC（新世代通信網実験協議会）の協力によって作成した電子展示会「世界の中のニッポン」[注11]を公開した。推進室長は、外部の会議やイベントに呼ばれて、電子図書館の計画について報告する機会も多かった。資料電子化については出版業界との関係があり、ネットワーク情報資源の収集・保存計画には、1999 年の情報公開法（行政機関の保有する情報の公開に関する法律）の制定や電子政府推進の動きがあるなど、これまでの図書館が外部と持っていたものとは異なる関係性が生じているのを感じながら、ともかく計画を説明し、前へ進んでいくしかなかった。

　さらに、「基本計画」に盛り込まれた電子図書館の蔵書のカテゴリーの一つ「一次情報及び二次情報を編集し、付加価値を加えたもの」（当時は「編集・編成コンテンツ」と呼んでいた）の作成も予算化されていたため、「日本の暦」[注12]というコンテンツを 2001 年に作成している。NDL がこれまで開催してきた所蔵資料の展示会の目録の中から、1979（昭和 54）年の「日本の暦」の特別展示目録を下敷きにして、所蔵する暦の電子化画像で構成したものである。作成自体は委託作業で行ったが、文章はすべて推進室内で執筆し、江戸時代の暦を使った「大小暦クイズ」といった新しい試みも行った。「日本の暦」は、NDL が自ら作成した電子展示会の最初のものとして、2002 年 10 月の関西館開館時に公開されることになった。

　主催会議としては、2001 年 3 月 8 日には第 4 回、同 12 月 14 日は第 5 回の「電子図書館全国連絡会議」を開催し、第 4 回はメタデータ、第 5 回はウェブ情報の収集を主なテーマとし、政府機関や大学でもさまざまな取組みが行われていることが報告された[注13]。

しかし、推進室が中心になって企画した最大のイベントは、2002年
1月31日の「文化資産としてのウェブ情報―ウェブ・アーカイビング
に関する国際シンポジウム」[注14] であった。

海外から招へいした出席者は、米国からインターネット・アーカイブ
(Internet Archive) 創設者のブルースター・カール (Brewster Kahle)
博士、そして米国議会図書館、オーストラリア国立図書館、デンマーク
国立図書館のそれぞれウェブアーカイブの担当者であり、各機関の取組
みについて報告および意見交換を行った。

本章第5章の冒頭の文章は、カール博士の基調講演から引用したもの
である。インターネット・アーカイブは膨大なウェブサイトのコレクショ
ンを保存し、過去のウェブサイトにアクセスできる Wayback Machine
をすでに公開していた。博士は、文化資産の保存と利用を社会的な役割
として認められている公的機関としての図書館に期待し、積極的にパー
トナーシップを築くことで、ウェブ情報の収集・保存における著作権等
の制度的な課題の克服、ユニバーサル・アクセスの実現を目指していた
と言えよう。今読み返しても、電子図書館への夢が感じられる発言であ
ると思う。

NDLからは当時の戸張正雄館長が主催者挨拶を行い、推進室長が、「イ
ンターネット上の情報資源の収集・保存と国立国会図書館」と題し、初
めてその事業を「WARP: Web Archiving Program」の仮称で紹介し、
これまでの経緯、想定事業内容、課題等について報告を行った。

課題の中で、収集の粒度については、粒度を細かくすればそれだけ人
手がかかり、労働力のコストが問題であること、ただしサイト単位で
の収集はこれまでの収集方針に合わす、データ容量の問題があること
を述べ、試行錯誤の状況を窺わせている。また制度的な裏付けとして、
2002年早期に納本制度審議会（納本制度調査会の後身）が、ネットワー
ク系に関する審議を再開する見通しについても言及している。

　なお、国際シンポジウムに先立つ 2001 年 10 月には、東京で開催された ダブリンコアの年次会議「2001 年ダブリンコアとメタデータの応用に関する国際会議」に、NDL も主催者として名を連ねた [注15]。

　こうしたイベントの積み重ねは、知識世界の変容をもたらそうとするインターネット上の情報資源の収集・保存が時のテーマであり、NDL の電子図書館事業が国際的な先端とも肩を並べようとする推進力を持っていたことを示すものであろう。世界の国立図書館では、ネットワーク情報資源の納本制度化が共通の課題として検討過程にあった。2002 年 3 月には、納本制度審議会に対し、館長から「日本国内で発行されるネットワーク系電子出版物を納本制度に組み入れることについて」諮問がなされた。新たな事業の立ち上げが、NDL の制度的な検討を強く後押ししていた状況も見てとれる。

　納本制度に関する審議の開始によって、ネットワーク情報資源に関する計画は、その審議に資するための実験事業として位置づけられ、2002 年 4 月に設置された関西館事業部電子図書館課が新たな実施計画に基づいて進めていくことになる。その内容については本章（7）で述べることにする。

（5）　関西館の設置と電子図書館課の発足

　1998 年 10 月から関西文化学術研究都市内に建設を進められてきた NDL の関西館は、2002 年 3 月に竣工 (図20)、4 月に国立国会図書館法が改正され、関西館は東京本館と同じく「中央の図書館」として規定された。組織に関する規程・規則類も同時に整備され、関西館は、資料部（文献提供課、アジア情報課、収集整理課）および事業部（電子図書館課、図書館協力課）に総務課を加えた 2 部 6 課の体制で発足した。東京本館の組織についても、それまでの 1 局 6 部（総務部、調査局、収集部、

図書部、逐次刊行物部、専門資料部および図書館協力部）は、1局5部（総
務部、調査局、収集部、書誌部、資料提供部および主題情報部）に再編
された。なお、支部上野図書館を改組し、2000年5月に開館した国際
子ども図書館（図21）は、2002年5月5日、関西館に先立って全面開館

（図 20）NDL 関西館外観
2002（平成 14）年 10 月開館
「七十年史」p.188 より

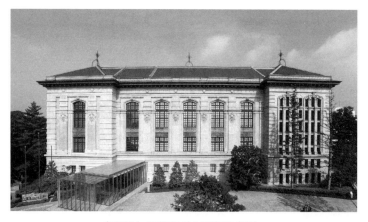

（図 21）国際子ども図書館外観
2002（平成 14）年 5 月全面開館
「七十年史」p.220 より

していた。

　2002 年 4 月からの半年間、東京本館からの約 320 万冊の資料移送、100 名規模の職員の配置、業務や新サービスの準備に追われ、同年 10 月 7 日に関西館は開館の時を迎え、来館利用サービスを開始した。関西館は NDL の遠隔利用サービスの窓口として位置づけられ、インターネット経由で蔵書検索システム（当時の「国立国会図書館蔵書検索・申込システム（NDL-OPAC）」を検索し、文献の複写物の郵送を申し込める新サービスを 2003 年 1 月から開始することになっていた。関西館を拠点とする電子図書館サービスも、遠隔利用サービスの文脈でとらえることができる。文献提供サービスは、1990 年代初頭の関西館の基本構想のような“フルテキスト電送”（第 3 章（2））ではなく、従来どおりの紙の複写物の郵送サービスではあったが、「基盤システム」の稼働と登録利用者制度の導入によって、複写申込み方法は飛躍的に変化することになる。

　電子図書館に係る NDL 全体の組織構成がどうなったかというと、3 年間にわたって準備作業を進めてきた推進室は、総務部企画・協力課電子情報企画室（以後、企画室。総務部企画・協力課は、2005（平成 17）年 4 月に総務部企画課に改組）に改組された。そして、関西館事業部に電子図書館課が設置された。全館の統括機能は東京本館に置くことが組織としての絶対的な前提条件であり、電子図書館に関する企画・調整および NDL ホームページの編集作業は、東京本館の企画室がそのまま担当することになった。

　なお、2002 年 3 月に制定された「国立国会図書館組織規程」には、総務部の所掌の一つとして「インターネットその他の高度情報通信ネットワークを通じて館が発信する情報を用いて行う図書館奉仕の企画及び調整に関すること」が規定されていた。その「図書館奉仕」が NDL の「電子図書館」の法規上の定義であり、その「企画及び調整」は企画室の任

務であった。

　もっぱら電子図書館の業務を担うのは電子図書館課であり、研究企画係、資料電子化係、ネットワーク情報係、電子情報発信係の４係でスタートした。初代課長には田屋裕之（収集部外国資料課長からの異動）が就任し、再度電子図書館事業の本格的な立ち上げを担うことになった。2002 年度「年報」の組織図によると、課員は 19 名である。推進室で準備作業の中核になった職員も、ほとんどが電子図書館課に異動し、人員は倍増したことになる。企画室には推進室長の中井万知子が企画室長として残り、推進室発足当時の少人数の体制に戻った。

　以下、「NDL 月報」No.500（2002 年 11 月）所収の「電子図書館サービスの新たな展開」、「年報」等に沿って、そのスタートの状況を見ておこう。

（6）　近代デジタルライブラリー

　2002 年 10 月 1 日、関西館開館に先駆けて NDL のホームページで公開されたのが「近代デジタルライブラリー」である（図22）。明治期刊行図書の電子化の成果を公開し、さらに後の時代の資料を収録することを視野に入れ、その名を名付けられた画像データベースである。

　公開時のコンテンツとして、第 1 期の著作権調査で著作権保護期間の満了が確認された約 3 万冊（約 2 万タイトル）の電子化画像を一挙に収録、目録情報による検索だけでなく、目次情報から当該画像へのリンク機能を持ち、画像の表示方法も、ビューワをダウンロードして利用する高圧縮画像とそのまま閲覧できる GIF 形式の 2 種類を備えていた。大量の図書のページをすべて読める本格的な電子図書館として好評を博し、公開後 1 か月間の利用は、約 120 万件のページアクセス数に達した。一方でマイクロフィルムからの電子化であるため、画質の悪さに対する

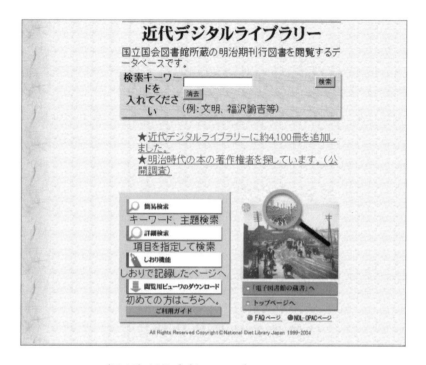

（図 22）近代デジタルライブラリー
2002（平成 14）年 10 月の公開時のトップページの画面
（画像は 2004（平成 16）年）7 月頃
「七十年史」p.129 より

批判も多かった。

　公開の半年ほど前だっただろうか、「近代デジタルライブラリー」の
システム検証のため、関西館の電子図書館課の呼びかけで、全館的なテ
ストを行ったことがある。その時にはすでに 1 万冊以上の電子化画像
が投入されており、私も東京本館の企画室でテストに協力した。以前、
推進室でプロトタイプのテストを行った時とは全然違い、データベース
の検索から無尽蔵に呼び出される電子化画像の量に圧倒され、我ながら
おかしなことに、これが電子図書館か、と興奮した。確かにマイクロフィ
ルムからの画像はモノクロで、活字の読みにくさやページの汚れもその

ままだが、書庫の最下層に眠っていた図書の数々が時間の淵から蘇り、画面から呟き始めるように感じられた。

　さらに、2003年3月から6月まで、NDLホームページ上に著作権公開調査のページを開設し、著作権調査で没年や著作権者の連絡先が不明な著作者に関する情報提供を求めた。対象となった著者は約5万人であり、2002年と2003年の著作権調査の対象となった約10万タイトルのうち約6万3千件の図書の著者にあたる。2003年度以降は、それまでの著作権調査および公開調査で得られた情報をもとに著作権者の連絡先調査を行い、許諾処理を行うことで、さらに公開対象を増やしていくことが計画されていた。

（7）　インターネット資源選択的蓄積実験事業
（Web Archiving Project: WARP）

　2002年11月、「近代デジタルライブラリー」から1か月遅れで、「インターネット資源選択的蓄積実験事業（WARP）」および「データベース・ナビゲーション・サービス（Dnavi）」と名付けられた二つのネットワーク情報資源関連サービスが公開された。

　WARP（図23）は、「ウェブ・アーカイビング・プロジェクト（Web Archiving Project）」を略称化したニックネームで、本章（4）で述べたように、2002年1月の国際シンポジウムの際、仮称として紹介されていた。それが長たらしい正式名称を持つに至った理由は、2002年3月1日、納本制度審議会に対して、「ネットワーク系電子出版物を納本制度に組み入れることについて」館長から諮問が行われたことによる。諮問と併せて、「納本制度に組み入れられない場合に収集すべきネットワーク系電子出版物の範囲とその収集方法」が調査審議事項として示され、集中的な審議を行うネットワーク系電子出版物小委員会が設置され、

2004 年度中の審議会答申が予定されていた。制度面の検討に対し、技術面、業務モデルの検討を行うため、WARP は実験事業の位置づけを与えられたと言える。

　そのため、3 か年の実施計画が策定され、ウェブ収集ロボットを用いて、ウェブサイトおよび電子雑誌を対象とする収集・蓄積を行い、ネットワーク系の特性にどのように対応するか、各種の課題を抽出することになった。ウェブサイトも電子雑誌も、発信者の許諾を得て、自動収集を行うことになる。ウェブサイトについては政府機関、協力機関（時限的なイベント等も含む）のサイトがターゲットになった。

　2002 年度の開始段階では、政府機関のウェブサイトは 6 サイト（NDL および国際子ども図書館のウェブサイトも含まれる）、協力機関は 59 サイト、電子雑誌は 583 タイトルがアーカイブされている。たとえば、

（図 23）国立国会図書館インターネット資源選択的蓄積実験事業（WARP）
　2002（平成 14）年 11 月の公開時のトップページの画面
　「七十年史」p.64 より

協力機関にあたる2002年開催のFIFAワールドカップ等のイベントの
ウェブサイトの保存には、かなり理解が得られたものの、政府機関のウェ
ブサイトの収集については、許諾を依頼してもその意義が理解されず、
戸惑いをもって受け止められるケースが多く、認知度の向上と制度的な
裏付けが必要であることは明らかであった。ちなみに、政府機関のホー
ムページ担当部署に出向き、事業の内容を説明して収集に対して理解を
求めるのは、東京本館の企画室の役割であった。

　一方でDnavi（図24）は、ウェブ収集ロボットでは表層的なウェブ情
報しか収集できず、深層ウェブにあたるデータベース等の個別のコンテ
ンツは収集できないとの課題に対処するため、インターネット上のデー
タベースのメタデータを作成し、データベースのトップページにリンク
する仕組みである。公開時には、約5千件のメタデータを収録していた。

　こうして、ネットワーク系の計画への取組みは、当初の組み立てを変
えつつも、サイト単位と著作物単位のアーカイブ、メタデータによるイ
ンターネット情報資源へのナビゲーションといったその後の展開の基本
的な要素を備えてスタートしたことになる。

（8）　新たな取組み―研究開発事業等

　電子図書館に関する研究開発部門も新たに電子図書館課に設置され、
二つのテーマによる研究開発が実施されることになった。一つはレファ
レンス協同データベース実験事業である。参加図書館からレファレンス
回答の事例や調べ方マニュアルの提供を募り、データベース化して共有
しようとするもので、3か年の実験事業の後正式に事業化され、関西館
の図書館協力課によって運営されることになった。「レファレンス協同
データベース」（https://crd.ndl.go.jp/）は「レファ協」という略称で
知られ、900館近くの図書館が参加する事業に成長している。

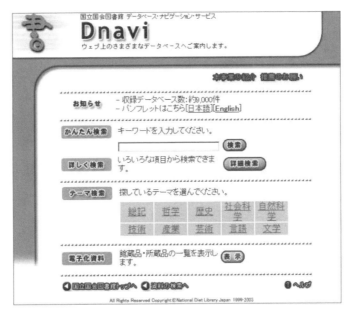

（図 24）国立国会図書館データベース・ナビゲーション・サー
ビス（Dnavi）
2002（平成 14）年 11 月の公開時のトップページの画面（画像は
2004 ～ 2005 年頃）「七十年史」p.75 より

　もう一つは電子情報保存のための調査研究であり、記録媒体やソフト
ウェア、ハードウェアに依存する電子情報を長期的に保存し、いかにア
クセスを保証するかが研究テーマとなった。国際的にも最新のテーマと
してさまざまな取組みがなされていた。電子情報保存に関する技術動向
調査、パッケージ系電子出版物の再現性の調査等、毎年度調査が実施さ
れることになる。

　このような研究活動には、NDL の資料所管部門やレファレンス部門
等との連携が必須であった。さらに組織を越えて、図書館を始めとする
関連機関や様々な分野の研究者の協力の上に成り立つものであった。資
料電子化やインターネット情報に関する事業についても、この点につい
ては言うまでもない。また、関西館は発足時から公共図書館や大学図書

館との人事交流を積極的に行っており、電子図書館課には、秋田県立図書館で先駆的な電子図書館の取組みを行っていた山崎博樹氏が転任し、2003年度から2年にわたり、レファレンス協同データベース事業の立ち上げに尽力された。

さらにNDLホームページで公開される「電子展示会」も電子図書館課の所掌であり、2002年10月に公開された「日本の暦」に引き続き、「日本国憲法の歩み」（https://www.ndl.go.jp/constitution/）が主題情報部政治史料課憲政資料室および調査局政治議会課憲法調査室の協力のもとに制作され、2003年の憲法記念日に公開されている。日本国憲法の制定過程に関する史料を電子化して解説を付し、論点も紹介した電子展示は大きな反響を呼んだ。その後もNDLの多様な所蔵資料を紹介するコンテンツが制作されていく。

2003年3月14日には、関西館において、2002年度の電子図書館全国連絡会議が「電子図書館と図書館の今日・明日」と題して開催された。1997年に電子図書館推進会議の座長を務めた原田勝筑波大学教授が基調報告を行い、これまででもっとも多い26機関が出席したこの会議は、NDLの電子図書館の披露の意味ももっていたと言えよう[注16]。

なお、2000（平成12）年5月に部分開館、2002年5月に全面開館した国際子ども図書館は、90年代のパイロットプロジェクトを経て独自の電子図書館システムを構築し、部分開館時から、主要な児童書所蔵機関5機関の協力による「児童書総合目録」および児童書の電子展示会「絵本ギャラリー」をインターネット公開した。2003年4月には、それまで館内で提供してきた児童書の電子画像（1950年以前刊行のもの）を「児童書デジタルライブラリー」として公開した。

企画室での活動にも少し触れておくと、関西館の開館直前の2002年10月1日にNDLホームページを全面リニューアルした。四世代目のウェブサイトである。2000年に公開された「電子図書館」をトップに

掲げた構成（第 4 章（5）参照）と異なり、「資料の検索」のメニューをトッ
プに置き、NDL-OPAC を始めとする目録データベースや「日本全国書
誌」等の書誌を配置し、資料へのアクセスを重視した構成となった（図
25）。二番目の「電子図書館の蔵書」のメニューの下で「貴重書画像デー
タベース」、「近代デジタルライブラリー」および「WARP」を公開して
いる。「国立国会図書館について」に収録されている「電子図書館プロ
ジェクト」の文章も事業の進捗に合わせ改訂した。WARP の保存サイ
トで冒頭の電子図書館の役割を述べた文章を読み返すと、推進室での 2
年間の経験を経て、自分がどのように電子図書館を理解していたのかを
思い起こすことができる。

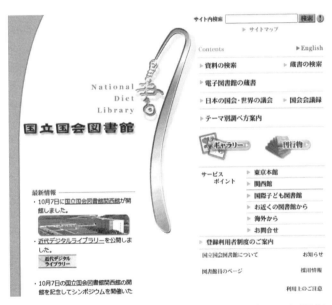

(図 25) NDL の四世代目ウェブサイトのトップページ（部分）
2002（平成 14）年 10 月 1 日改訂
WARP 保存ページ（2002.10.16）
https://warp.da.ndl.go.jp/info:ndljp/pid/235933

〈注〉••

［注1］故安江明夫元副館長の遺稿集・追悼集を準備中の安江いずみ氏にご教示いた
だいた。訳は福田恆存「あらし」（『シェイクスピア全集』第5. 新潮社、1965）より。
「NDL デジタルコレクション」の全文検索による。

［注2］2001年12月1日現在のNDLの職員名簿から推定。

［注3］NDL総務部情報システム課「国立国会図書館電子図書館基盤システムの開発」
「NDL月報」（508）2003.7, p.14-16 等を参照。

［注4］「答申　21世紀を展望した我が国の納本制度の在り方―電子出版物を中心に」
（納本制度調査会. 1999.2.22. 「NDL デジタルコレクション」でインターネッ
ト公開）では、情報を電子的媒体等を使用して公表することを「電子出版」、電
子出版により公表されたものを「電子出版物」と定義した上で、ネットワーク系
およびパッケージ系の電子出版物を定義している。

［注5］「ネットワーク情報資源」は、『図書館情報学用語辞典　第5版』（丸善、2020刊）
では、「インターネットを基礎とするコンピュータネットワークを介して探索,
入手, 利用可能な情報資源（以下略）」と説明されている。

［注6］「国立国会図書館メタデータ記述要素」（2001年3月7日）（NDLデジタル
コレクションでインターネット公開）。2007年に「国立国会図書館ダブリンコア
メタデータ記述要素」として改訂され、2023年時点ではNDLのウェブサイトに
掲載されている「国立国会図書館ダブリンコアメタデータ記述」（DC-NDL2020
年12月版）が最新版。

［注7］ダブリンコア（Dublin Core）は、情報資源発見のための記述メタデータと
して、1995年開催のワークショップ（米国のオハイオ州ダブリンで開催）で提
案された。最初に制定された15の基本要素は2003年にISO規格となり、JIS規
格ともなった。Dublin Core Metadata Initiative（DCMI）が管理団体。

［注8］中井万知子「国立国会図書館におけるメタデータ記述の検討と計画」『ディ
ジタル図書館』No.22, 2002.3, p.19-29参照。筑波大学で開催された「第22回ディ
ジタル図書館ワークショップ」（2002年3月22日）で発表したもので、その時
点までの推進室の活動についても紹介している。

［注9］北欧諸国の国立図書館は先進的な取組みで知られ、スウェーデン国立図書館
はKurturarw3というプロジェクトによる国全体のウェブ収集を1996年から行っ

ていた。廣瀬信己「北欧諸国におけるウェブ・アーカイビングの現状と納本制度」
「NDL 月報」（490）2002.1, p.14-22。

[注 10] NDL 総務部『国立国会図書館年報』（昭和 23 年度 -　）NDL,1950-。国立
国会図書館法第 6 条に、館長が国会の両議院の議長に前年度の NDL の経営およ
び財政状況を報告することが規定されていることによる。平成 14（2002）年度
以降は「NDL デジタルコレクション」でインターネット公開。「平成 11（1999）
年度年報」において第 9 章「電子図書館事業」を章立て、「平成 23（2011）年度
年報」で章題は「電子情報サービス」に変更されている。

[注 11]「世界の中のニッポン」は、BBCC（2002 年 9 月に事業を終了）との協力
事業「電子展示会の実験」の一環として作成され、「日本の風景記憶」、「ウィー
ン万国博覧会」および「憲政資料」の 3 つのコンテンツから構成。2000 年 8 月
に NDL ウェブサイトで公開され、2020 年に公開は終了したが、WARP には保
存されている。

[注 12]「日本の暦」（https://www.ndl.go.jp/koyomi/）は 2016 年に全面リニュー
アルされ、2023 年現在も NDL ウェブサイトで公開されている。

[注 13] 第 4 回は「平成十二年度電子図書館連絡会議」「NDL 月報」（482）
2001.5, p.16-17、第 5 回は「平成十三年度電子図書館全国連絡会議」「NDL 月報」
（491）2002.2, p30-31 に報告がある。

[注 14] NDL 編『文化資産としてのウェブ情報—ウェブアーカイビングに関する国
際シンポジウム記録集』NDL, 2003.3。「NDL デジタルコレクション」でインター
ネット公開。

[注 15] ダブリンコアの年次会議は 1995 年以降、毎年各国を会場として開催され
ており、2001 年は国立情報学研究所、NDL 等の 5 機関が主催して東京で開催さ
れた。中井万知子「「2001 年ダブリンコアとメタデータの応用に関する国際会議」
報告」「NDL 月報」（491）2002.2, p.18-21。

[注 16] NDL 総務部企画・協力課電子情報企画室「平成一四年度電子図書館全国連
絡会議「電子図書館と図書館の今日・明日」」「NDL 月報」（507）2003.6, p.4-5。
NDL、京都大学、東京都立中央図書館（全国公共図書館協議会）および「青空文
庫」の 4 機関から報告があり、「青空文庫」の富田倫生氏（1952-2013）からは
テキストアーカイブ化の必要性が指摘された。

第6章
電子図書館からデジタルアーカイブへ
—2006年までの動き

　電子図書館は1990年代後半に産声をあげた機能であり、長い図書館の歴史の中ではまだ歩きだしたばかりです。しかしながら、情報環境の高度化とともに、インターネット上での蔵書検索など、その機能の一部は一般的なものになってきたと言えます。しかし、そのあるべき姿は常に見直す必要があります。電子図書館の「蔵書」を豊かにすること、アクセス格差の是正に努めることなどとともに、「蔵書」間の有機的な連携、費用対効果、デジタル環境における他機関との役割分担などを明確にしていかなくてはなりません。国立国会図書館でも次の構想・計画をまとめるための作業を行っているところです。

　　「電子図書館プロジェクト　5　おわりに―新たな計画に向かって」より（WARP
　　に保存されている2002年10月16日時点のNDLウェブサイトのページより）

　デジタル・コンテンツを広汎な利用者に提供するために、当館は国のデジタル・アーカイブの重要な拠点となる。また、国内外の多様な利用

者層の需要に応じ、日本のデジタル情報全体へのナビゲーションの総合
サイトを構築する。

「電子図書館プロジェクト　国立国会図書館電子図書館中期計画2004」より。
WARPに保存されている2004年6月20日時点のNDLウェブサイトのページより）

　本章では、前章で見た2002（平成14）年の関西館開館時点から、長
尾真がNDLの館長に就任する2007（平成19）年4月までの電子図書
館事業の推移を中心に見ることにする。

　冒頭に引用した2002年10月、つまり関西館開館当時のNDLウェ
ブサイトに掲載されている「電子図書館プロジェクト」には、電子図書
館の機能を広く捉えながら、新たな計画の策定を始めていることを述べ
ている。

　また、「NDL月報」には、2004（平成16）年10月号から2006（平
成18）年3月号（No.523 〜 540）まで、「電子図書館サービスのページ」
という連載記事が15回分掲載されている。毎回さまざまなサービスを
若手の担当者が紹介する構成になっているが、例えば「近代デジタルラ
イブラリー」のような一次情報のサービスから、NDL-OPAC、総合目
録といった目録システムまで、取り上げているサービスは幅広い。それ
だけNDLのインターネットを通じたサービスが豊かになっており、そ
れらすべてを「電子図書館」という傘で覆っていることには注目してよ
かろう。一方で、フロントランナーとしての電子図書館事業は、すでに
次の目標を設定していた。

　それが2004年2月に策定された「国立国会図書館電子図書館中期計

画2004」（以後、「中期計画」）[注1]である。本章では、電子図書館の各
事業の展開と課題を見る前に、「中期計画」の概要を見ることにしたい。
その後、資料電子化とネットワーク情報資源の計画がどのように進展し
たかについて、そして2006年前後のNDLをめぐる動きについても簡
単に触れることにする。

（1）　電子図書館中期計画2004

■計画の概要

　「中期計画」は、「構想」に基づいて行ってきた電子図書館サービスの
充実の上に立ち、2004年時点の状況を踏まえ、今後の5年程度で目指
す目標を定めるとの趣旨で策定された。
　まずは計画の背景として、デジタル情報の社会基盤としての重要性が
高まっていること、国際的にもユネスコの「デジタル遺産の保存に関す
る憲章」[注2]が2003年に採択される等、デジタル情報の収集・蓄積・保存・
提供が喫緊の課題として認識されていること、そして国内的にも2000
（平成12）年度末に政府によって策定された「e-Japan重点計画」に「美
術館・博物館、図書館等の所蔵品のデジタル化、アーカイブ化」の推進
が盛り込まれ[注3]、NDLへの期待が高まっていることを挙げている。
　「e-Japan重点計画」とは、2001（平成13）年1月に内閣に設置さ
れた「高度情報通信ネットワーク社会推進戦略本部」（IT戦略本部、後
にIT統合戦略本部）が、IT化のための国家戦略として決定した「e-Japan
戦略」（2001年1月22日）に基づき、2001年3月から2004年6月
にかけて、順次策定した重点計画である。
　「中期計画」は、次いで2003年度までの電子図書館事業の到達点を
概観した上で、計画策定の考え方として、先に挙げた背景をまとめ直し、
特に関係諸機関との連携協力が不可欠であり、その理解を得ることの重

要性を強調している。

　そして、計画の目標自体は、本章の冒頭に引用した2番目の文章中の「国のデジタル・アーカイブの重要な拠点」および「日本のデジタル情報全体へのナビゲーションの総合サイトの構築」に集約されていると言ってよかろう。

　その上で、①デジタル・アーカイブの構築、②情報資源に関する情報の充実、③デジタル・アーカイブのポータル機能、の3点について具体的な内容を示している。

　まず、①のデジタル・アーカイブの構築については、「図書等のデジタル化」および「オンライン系情報資源の収集」を挙げ、後者についてはウェブアーカイブの他に新たに「オンライン・デポジット」（仮称）を設け、いわゆる著作物単位の情報資源について、個別に収集等を行う方針を示している。②の情報の充実は、検索インタフェース等、デジタル・アーカイブの利便性を向上させる技術やコンテンツの充実について述べ、③では統合検索等の手段によって「日本のデジタル・アーカイブ・ポータル」（仮称）を構築し、公的機関を中心に電子的情報資源をワンストップで案内できる窓口とするとしている。

　また、実現のための枠組みとして、関係機関との協力による相互運用性の確保、制度的な枠組みの整備、推進体制および運用体制の確立を挙げている。

　「デジタル・アーカイブ」の定義は「中期計画」にはないが、繰り返し言及がある「デジタル情報の収集・蓄積・保存・提供」を確実に行う仕組みと考えてよかろう。また、「e-Japan重点計画」の「デジタル・アーカイブ」の説明として示されている「「アーカイブ（archive）」は文書や記録の集積を意味し、デジタル技術により、様々な資源を、文字、映像、音声等により記録集積し、インターネット等で配信したり検索し再活用したりすることを可能としたもの。」[注4]が、そのままあてはまるだろう。

■位置づけ

　「中期計画」は、これまでの「基本計画」が 2002 年時点に実施すべき内容の計画に留まっていることを考えれば、この時期にどうしても策定されなくてはならなかった。また、電子図書館のためのシステムとして、「電子図書館サブシステム」を引き継ぎ拡充していくためのより高度なシステム基盤が必要であり、その開発予算を確保するためにも新しい計画が必要だったと言える。

　もちろん「構想」からスタートした NDL の電子図書館事業の枠組みは変わらず、「中期計画」も「電子図書館」という語を冠してはいる。しかし、内容としては「デジタル・アーカイブ」の構築が強調されていることには注目してよかろう。「電子図書館」という言葉は、“電子”と“図書館”という組み合わせが 90 年代には新しく、どことなく未来的なイメージを持っていたと言えるだろう。しかし、ある程度電子図書館サービスが現実のものになり、図書館サービス自体が電子的な機能を利用することが当たり前になっていくにつれ、そのイメージは拡散し、訴求力が薄れつつあったということかもしれない。そして、「e-Japan 重点計画」にも盛り込まれ、より汎用的で領域横断的な「デジタル・アーカイブ」が、新しい旗印となったのではないだろうか。

　ちなみに内閣に設置されている IT 戦略本部による「e-Japan 戦略」は行政主体のものであり、立法府に属する NDL は包含されない。ただし、2002 年に設置された「各府省情報統括責任者（CIO）連絡会議」には、衆議院、参議院とともに NDL もオブザーバーとして出席することになり、国の IT 政策に足掛かりを持つことになった。本章（3）で述べるように、特に政府機関のウェブサイトのアーカイブを推進するためには、その後ろ盾が欠かせなかった。IT 戦略本部の事務局の内閣官房と NDL の企画室との連絡調整も活発に行われていたと考えられる。日本の IT 戦略をにらんで、NDL は「デジタル・アーカイブの重要な拠点」およ

び全国のデジタル・アーカイブへの統合的なアクセス機能、つまりポー
タル機能の構築を次の計画として位置づけたことになる。

　なお、体制面を見るならば、初代電子図書館課長であった田屋は、
2004年4月に東京本館の総務部企画・協力課長に異動し、NDL全体
の将来計画や評価に携わることになった。企画・協力課の課内室である
企画室の室長は2003年4月に中井から「基盤システム」開発計画の担
当主任参事であった植月献二に交替しており、IPAからNDLの職員に
転身した中山正樹も、企画室における次期計画策定を担当していた。「中
期計画」はその新しい体制で策定された。私は企画室から総務部情報シ
ステム課に課長として異動し、館の基幹システムで、2004（平成16）
年10月に東京本館の利用者サービスを一新することを目指す「基盤シ
ステム」本体の開発を担当することになった。

（2）　明治期刊行図書電子化の成果

　次に資料電子化の状況について見ることにしたい。

■著作権処理の進行―著作権調査から文化庁長官裁定まで
　資料電子化の経緯については、「NDL月報」No.542（2006年5月）p.2-6
所収の「近代デジタルライブラリー事業における明治期刊行図書の著作
権処理の結果について」（関西館事業部電子図書館課）で詳しく紹介さ
れている。
　第5章（2）で述べたように、電子化作業は対象図書からすべての
著者を洗い出し、その著者の没年を調査する「著作権調査」から始まる。
著作権法において、当時は50年と定められていた著作権保護期間が満
了していれば電子化し、公開することができる。2000（平成12）年に
開始され2002（平成14）年度までの3期にわたった「著作権調査」では、

約 7 万人の著者を調査し、保護期間満了が確認できたのは約 1 万 6 千名であった。このうち初年度の調査で、著者の保護期間満了が確認された約 3 万冊が、2002 年 10 月の「近代デジタルライブラリー」公開時のコンテンツとなった。

　次に行われたのが「連絡先調査」であり、著作権保護期間中が判明した著者および著作権の有無が判明しなかった大量の著者について、再度文献調査を行い、出版社、著者の所属団体、地方公共団体等に連絡先を照会する作業である。2003（平成 15）および 04（平成 16）年度に約 5 万 5 千名の著者についてこの調査が実施され、連絡先が判明したのは 500 名弱、没年が判明したのは約 1,400 名であった。これらの調査は、仕様書を作成し、外部委託によって実施された。

　並行して「公開調査」も行われた。2003 年度から 2005（平成 17）年度の 3 期に分けて、これまでの調査で不明の約 5 万 6 千名の著者のリストを NDL のホームページで公開し、情報提供を呼びかけた。その結果、約 700 名の著者の没年が判明、80 名程度の著作権者の連絡先が判明した。2003 および 04 年度には、連絡先が判明した 400 名程度に許諾依頼状を発送する「許諾処理」も行われた。

　このような調査を重ね、相当の努力をはらっても著者の連絡先が不明である場合の最後の手段が、著作権法第 67 条に定められた文化庁長官裁定の申請である [注5]。NDL は、著作物の電子化と「近代デジタルライブラリー」によるインターネットにおける公衆送信といった利用を行うことについて、約 7 万 3 千件の著作物について 2004 および 05 年度の 2 回に分け、文化庁に裁定を申請し、裁定を受けた。補償金額は、5 年間の期限付きで全約 370 万円であった（著作権処理フローは、図 26 参照）。

■ 「近代デジタルライブラリー」の拡充と課題
　こうして「近代デジタルライブラリー」は、2006（平成 18）年 4 月

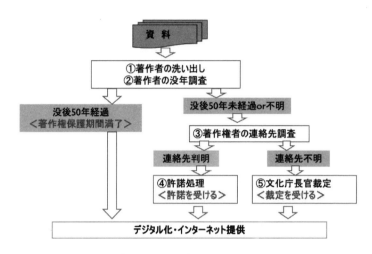

（図 26）「近代デジタルライブラリー」の著作権処理フロー
（2009 年著作権法改正まで）
「NDL 月報」№ 542 の記事を参考に作図

には一挙に 5 万タイトル（6 万 7 千冊）の資料を追加し、全体で約 8
万 9 千タイトル（12 万 7 千冊）の資料をインターネットで公開する巨
大な電子図書館に成長したことになる。これは所蔵明治期刊行図書の約
75％にあたる。すべての作業が、当時の著作権法の規定の中で行われ
たことについても特筆してよかろう。

　しかし、著作権処理の結果が示すように、著作権保護期間の満了が
判明した著作者は 27.7％、保護期間中の著作者は 1.1％であり、71.1％
の著作者について著作権の有無が不明であり、著作権処理にかかる期
間、膨大な労力と費用が、課題として鮮明になったと言える。この問題
は、"孤児著作物（Orphan works）"問題として、資料の電子化を進
める上では世界的な課題となっていた。電子図書館課は、2006 年度には、
明治期に引き続き大正期刊行図書の一部について著作権調査に着手した
が、時代が下るとともに著作権保護期間が満了した資料が少なくなるこ

とは歴然としており、難航が予想された。

　なお、こうした資料電子化の経験を他の図書館等が活用できるように、関西館では 2003 年度から毎年度「資料電子化研修」を開催し、外部講師や電子図書館課職員による講義やワークショップを行うことになった。2005 年には、「国立国会図書館資料デジタル化の手引き」（関西館事業部電子図書館課）を作成し、ホームページにも掲載している（現在は、「NDL デジタルコレクション」でインターネット公開）。

　NDL の明治期刊行図書の電子化事業は、図書館の所蔵資料電子化の大がかりな実験場であったと言えよう。電子図書館課が月報の記事でその結果を詳細に公表していることにも、結果を社会的に共有し、今後の著作権制度の検討素材にしようとする姿勢が感じられる。

（3）　WARP の進展と制度化の検討

　ネットワーク情報資源に関する事業の進捗については、まずは 2004（平成 16）年 12 月 9 日付の納本制度審議会の答申「ネットワーク系電子出版物の収集に関する制度の在り方について」（以後、2004 年答申とする）[注6] とそれを受けた制度化の検討状況について見ておこう。なお、ネットワーク情報資源の制度化の進展については、「七十年史」（『国立国会図書館七十年記念館誌：デジタル時代の国立国会図書館 1998-2018』「第 2 章　収集対象の拡大　第 1 節　電子媒体の収集」(p.60-77)）が詳細であり、電子図書館事業や「e-Japan 戦略」との関係も踏まえた充実した内容になっている。

■ネットワーク系収集に関する 2004 年答申

　2004 年答申は、2002（平成 14）年 3 月 1 日に館長から諮問があった「ネットワーク系電子出版物を納本制度に組み入れることについて」

（第 5 章（7）参照）に対する答申であり、ネットワーク系の収集においては、納本制度の基本的要素である網羅性や発行者への納入の義務づけ等が困難なこと、また納本制度にはない著作権の制限が不可欠であることから、ネットワーク系を納本制度に組み入れないことが適当であるとした。その上で制度的収集の基本的な考え方を示している [注7]。

　収集範囲としては、内容的な選別を行わず、現行の出版物と同様に広い範囲のネットワーク系を収集することが適当とした。ただし、データベースの一部、有償契約のネットワーク系等、収集除外とされる場合があるものも想定されていた。

　収集方法としては、特に私人のネットワーク系の収集については、拒否の申し出を受け付ける等、発信者等の意思を尊重する手続きが必要であるとした。また、著作権については、現行の著作権法の権利制限の中では読み取れず、法制度化が必要とした。

　その上で、NDL が実際の制度化を行うにあたり、さらに検討・判断が必要なこと、ネットワーク上の言論に関する国民の考え方と乖離しないこと、人的・物的資源の制約が予想されるので、段階的実施も視野に入れること、そして永続的アクセスの保証のための技術の向上が必要であるとしている。

■制度化の検討

　NDL では、2004 年答申を受け、2005（平成 17）年 1 月には総務部長を本部長とする「ウェブアーカイブ制度化推進本部」を設置し、制度化の基本方針をとりまとめている [注8]。関係機関や団体に説明して意見を聴取した後、同 4 月には「インターネット情報の収集・利用に関する制度化の考え方」として、制度化の方針をホームページに公表し、意見募集を行った。その意見を受けた改訂版についても、ホームページに掲載している [注9]。同改訂版の最初の項は次のとおりである。

　「館長は、公用に供するとともに文化財の蓄積及びその利用に資する
ため、日本国内において発信されたインターネット情報を、館長の定め
るところに従い、自動収集又は発信者から送信を受けることにより収集
することができる。館長は、インターネット情報の収集を行おうとする
ときは、事前に収集時期、方法等を公告しなければならない。」

　基本的には、収集対象を日本のインターネット情報全体としているこ
とが注目される。また、従来使用してきた「ネットワーク系電子出版物」
という表現ではなく、一般に理解しやすい「インターネット情報」とい
う語を用いている。ただし、補足説明において、公共性の高い政府関係
機関や教育機関に限定するとしており、どの範囲を法制化の対象として
いたかは必ずしも明らかではない。また、収集拒否や情報の消去の申し
出に対応すること、さらに収集・保存および利用提供にあたっての著作
権制限についても盛り込まれている。

　NDL では、この方針に基づき制度設計を進めたが、目標としていた
2006（平成 18）年度中に法制化を達成することはできなかった。寄せ
られた意見の中にも見られるように、インターネット上の悪意ある情報
やプライバシーに関わる情報が収集・保存されることへの懸念を払しょ
くすることが難しかったこと、また、図書館が収集の対象としている「出
版物」とインターネット情報を同様にみなすことへの理解が得にくかっ
たことが大きな理由であると推測される [注10]。2006 年度末には「ウェ
ブアーカイブ制度化推進本部」も廃止され、制度化への動きはいったん
沈静化することになった。

■ WARP の状況

　一方、WARP 自体は、許諾を得たウェブサイトおよび電子雑誌の選
択的な収集・蓄積を着実に行っていた。

　国の機関のウェブサイトの収集については、「e-Japan 重点戦略 II 」

に付随して2004年2月に決定された「e-Japan重点戦略II加速化パッケージ」(IT戦略本部2004年2月6日決定)で、「政府コンテンツのデジタル・アーカイブ構築と一般利用の拡大」が項目立てされ、NDLのウェブアーカイブへの協力が重点の一つに盛り込まれたことで大きく進展した。2004年9月には、内閣官房の主導で「デジタルアーカイブの推進に関する関係省庁連絡会議」が開催され、NDLの実験事業に対する協力が確認されたことにより、収集対象は2003年度の8サイトから36サイトにまで一挙に増加した(2004年度「年報」p.108-110より)。

また、「中期計画」の実現や制度による収集を視野に入れ、2004年10月から半年間、日本のウェブサイトの網羅的な収集(いわゆるバルク収集)実験を実施している。

「NDL月報」No.545(2006年9月)p.10-14に掲載された「インターネット情報の収集・保存に関する実験事業の終了と今後の取組みについて」(関西館事業部電子図書館課)によれば、2006(平成18)年7月末時点のWARPのウェブサイトのコレクションは、国の機関37サイト、都道府県8サイト、法人・機構87サイト、大学75サイト、イベント26サイト等である。ほかに「平成の大合併」によって改編される以前の市町村のサイトも1,665にのぼっており、この事業ならではの特色を示している。電子雑誌のコレクションは約1,500タイトルに達していた。あるサイトを時系列で繰り返し収集することによる「個体」の増加も著しく、総容量は3.45TB(テラバイト)であった。

なお、WARPの正式名称であった「インターネット資源選択的蓄積実験事業」は、2006(平成18)年7月に「インターネット情報選択的蓄積事業」に変更された。「NDL月報」の記事のタイトルにも見えるように、3か年を予定した実験事業期間が終了し、"実験"ではない本格事業として位置づけられたことになる。しかしながら、当初想定した制度化はいまだならず、最大の懸案がそのまま残っていたと言えよう。

（4）　デジタルアーカイブシステムとポータルの開発

　「中期計画」の策定により、NDL は 2005（平成 17）年度からデジタ
ルアーカイブシステムの構築を予算化し、5 か年の予定で電子図書館課
が開発に着手した。電子情報の収集、保存、提供のための総合的なシス
テムを目指し、電子情報を管理・保存するための国際的な標準を取り入
れた設計が行われた。

　また、「中期計画」の柱の一つである「日本のデジタル・アーカイブ・
ポータル」（仮称）は、NDL のコンテンツだけでなく、国や公共機関、
さらに民間の様々なインターネット上の情報提供サービスをも対象と
して、ワンストップで案内するサービスとして構想された。開発は東
京本館の企画室が担当し、2005 年度に早々にプロトタイプを作成して
公開するなど、デジタルアーカイブシステムとは対照的な手法で開発
が進められた。2007（平成 19）年 10 月には「国立国会図書館デジタ
ルアーカイブポータル（PORTA）」として、本格システムを公開する
ことになる（図 27）。

　公開の時点では、統合検索の対象は「近代デジタルライブラリー」、「貴
重書画像データベース」、NDL-OPAC の目録データ（和・洋図書、雑
誌記事索引の一部）、「カレントアウェアネス」等の NDL のサービスが
12 種、「青空文庫」、国立公文書館、秋田県立図書館、岡山県立図書館
等の外部の協力機関のデジタルアーカイブが 8 種で、データ総数は約
800 万件であった [注 11]。

　「NDL 月報」No.560（2007 年 11 月）p.30 には、「PORTA」公開の
短い記事があるが、次のページの記事「NDL-OPAC から近代デジタル
ライブラリーをご覧いただけるようになりました」にも注目してよい
だろう。NDL の電子的なサービスは、これまで次々に開発・公開され

（図27）「国立国会図書館デジタルアーカイブポータル（PORTA）」 の
トップページ
「七十年史」p.149より

てはいたが、相互の連携はない蛸壺型であることが問題になっていた。
「PORTA」が、まずは館内のシステムを統合的な利用の対象としたこと
もそれを物語っている。NDL-OPACの目録検索から「近代デジタルラ
イブラリー」の電子化画像へのリンクも、この時期にようやく実現した
ことになる。さらに外部のデジタルアーカイブとの連携には、メタデー
タの入手、横断検索技術等、さまざまな課題があり、「PORTA」は新し
い技術を積極的に取り入れようとしていた。次の「NDLサーチ」へと
向かうスタート地点だったことになろう。

（5） NDLの状況

ここで関西館開館後、2007（平成19）年4月の長尾真館長就任前後

の NDL 全体の状況を簡単に見ておきたい。2002（平成 14）年 5 月の
国際子ども図書館の全面開館、10 月の関西館の開館は、NDL にとって
これまでになかった業務の大幅な拡張をもたらした。電子図書館事業も、
こうした拡張期の推進力となり、拡張期であったからこそ結実すること
ができたと言えよう。しかし、80 年代から始まった関西館建設計画自
体がいわばバブル期の計画であり、2002 年を境として、NDL はその事
業の定着と発展的な持続可能性の確保という重い課題に取り組むことに
なる。

　たとえば、2003（平成 15）年には評価制度を導入し、使命と役割を
明示したうえで重点領域や重点目標を掲げ、サービス基準等を設けて毎
年度の評価を行うことになった。2001（平成 13）年に導入された国の
行政府の政策評価制度とは異なる「活動評価」制度として創設され、「活
動実績評価」として現在に至っている。なお、2003 年に策定された「国
立国会図書館ビジョン 2004」の四つの重点領域の一つが「デジタル・アー
カイブの構築」であり、「中期計画」の推進が重点目標となった [注12]。

　また、人員面では、2005（平成 17）年度の 940 名の定員をピークと
して 5 年間で 50 名規模の削減がなされ、その過程で 2007（平成 19）
年 4 月には関西館の資料部および事業部の部立てが廃止された。これ
までの関西館事業部電子図書館課は、関西館電子図書館課になった。さ
らに 2008（平成 20）年 4 月には、東京本館の収集部と書誌部が統合
されて収集書誌部が発足するなどの組織再編が行われている。

　そして、国会改革の動きの中で、NDL の代々の館長には衆議院また
は参議院の事務総長経験者が就任してきたために、「館長問題」[注13] と
して俎上に上がったこともある NDL の館長職についても、新しい局面
を迎えることになる。

（6）　書誌部と書誌コントロール

蛇足ながら、この時期私が何をしていたかを考えると、電子図書館の動きについては横目で見ていただけと言ってよいだろう。2003（平成15）年４月に企画室から総務部情報システム課に異動すると、1998（平成10）年度に始まった「基盤システム」の開発は最終局面に入っており、2004（平成16）年10月に東京本館の来館利用者用システムを全面的にリニューアルする作業が進められていた。これまでの紙の入館証から利用者カードの発行へ、紙の請求票からNDL-OPACからの申し込みへといった大幅な転換で、関西館ではすでに導入されていたものの、１日２千人からの来館利用者を迎える東京本館の新システム導入には混乱の回避が必至だった。当時の黒澤隆雄館長の決断もあり、2004年９月にはほぼ１週間東京本館を休館してシステム移行や全館的なリハーサルを行い、いろいろ問題が発生する中でもどうにか安定的なサービスができるようになった。

2005（平成17）年４月には、ようやくシステム関係の業務を離れ、書誌部書誌調整課長として異動した。書誌部は2002（平成14）年４月の機構改革で生まれた部で、それまでの図書部、逐次刊行物部といった資料の区分を基本とした組織編制によって各部に分散していた書誌情報作成に関する業務を集約した部である。書誌部門にとっては待望の組織の誕生であり、その筆頭課が書誌調整課、つまり書誌コントロールを担当する課として設置されたのは当然のことだったと言えよう。

私が異動した当時、書誌部では、すでに「国立国会図書館件名標目表（NDLSH）」のシソーラス化など新しい取り組みがなされ、「日本全国書誌」は2002（平成14）年４月から冊子体だけでなく、ホームページ版として週刊でNDLのウェブサイトで公開されるようになっていた。

さらに 2007（平成 19）年 7 月には冊子体の刊行を終え、ホームページ版に一本化することになった。それにあたり、2007（平成 19）年 3 月 31 日付で国立国会図書館法第 7 条が改正された。制定当時の条文は「館長は一年を越えない定期間毎に、前期間中に、日本国内で刊行された出版物の目録又は索引の出版を行うものとする。」であったが、改正によって「館長は、一年を越えない期間ごとに、前期間中に日本国内で刊行された目録又は索引を作成し、国民が利用しやすい方法により提供する。」と改められた。刊行物としての全国書誌から書誌データの提供への移行が、法規上にも位置づけられたことになる。

　国際的な動向を見ても、第 2 章（2）で述べたような 1950 年代にルーツを持つ「国際書誌コントロール」は終焉を迎えていたと言ってよかろう[注14]。70 年代の MARC の開発と頒布の実現は大きな成果をもたらしたが、インターネットとネットワーク情報資源の時代を迎え、目録はこのままでよいのかといった危機感が高まり、新たな情報環境にふさわしい書誌情報の姿を再構築しようとする動きが顕著になっていた。NDL は国際図書館連盟（IFLA）の書誌分科会に常任委員を出していたこともあって、書誌部から IFLA の年次大会等の海外の会議に参加したり、制定中の基準や調査報告書の翻訳を行うなど、世界の動きに触れる機会が多かった。これからの書誌情報を考えた場合、私が電子図書館や情報システムの経験で学んだことは、もちろん書誌情報の作成は重要だが、それをどのように提供し、領域を超えて拡大していくデータ空間の中のデータにするかが重要だということだったように思う。一方で、書誌情報の世界が追求しているような目録の機能と「PORTA」のような最新型の検索サービスの間には、ギャップがあるように感じることもあった。

　書誌部は、今後の方針として 2008（平成 20）年 3 月に「国立国会図書館の書誌データの作成・提供の方針（2008）」[注15] を策定するこ

とになるが、6項目にまとめた方針のうち、最初に掲げたのが「書誌データの開放性を高め、ウェブ上での提供を前提として、ユーザが多様な方法で容易に入手、活用できるようにする。」という方針だった。

　なお、本章（5）で述べたように、2008年4月には、組織のスリム化と人員縮減のため書誌部は収集部に合併し、収集書誌部という大きな部になった。その筆頭課の名称は、現在でも「収集企画・書誌調整課」であり、"書誌調整"の語は今も生きている。

〈注〉..

[注 1]「国立国会図書館電子図書館中期計画 2004」の本文は、「七十年史　資料編」
　　（主要文書 no.11）または WARP の保存ページ「電子図書館プロジェクト」にあり。
　　概要は、NDL 総務部企画・協力課電子情報企画室「国立国会図書館電子図書館
　　中期計画 2004」「NDL 月報」(519) 2004.6, p.1-5 を参照。

[注 2] "Charter on the Preservation of the Digital Heritage" UNESCO,
　　2003.1.16。文部科学省の仮訳では「デジタル遺産の保護に関する憲章」（文部科
　　学省の日本ユネスコ協会のウェブページ）。文化遺産がデジタル形式で作成・配布・
　　入手・保持される状況下において、新たな " デジタル遺産 " を長期的に保存する
　　ための制度化や施策の必要性、関係機関の役割等の原則を宣言したもの。

[注 3]「美術館・博物館、図書館等の所蔵品のデジタル化、アーカイブ化」が文章
　　の一部として盛り込まれたのは「e-Japan 重点計画 -2003」(2003.8.8) と見ら
　　れる (p.31-32 の「日本文化の情報発信」)。なお 2021 年 9 月のデジタル庁の発
　　足により IT 統合戦略本部は活動を停止し、内閣官房ウェブサイトには 2023 年時
　　点ですでに関係資料は掲載されておらず、NDL の WARP への案内が掲載されて
　　いる。本書でも WARP 保存ページを参照した。

[注 4]「e-Japan 重点計画」IT 戦略本部 (2001.3.29) の「3　教育及び学習の振興
　　並びに人材の育成」の本文中に「博物館、図書館等の学習資源をデジタル・アー
　　カイブ化して作成するコンテンツ」という表現があり、「デジタル・アーカイブ」
　　に対する注が付されている。

[注 5] 著作権法第 67 条では、公表された著作物について、著作権者の不明その他
　　の理由により相当な努力を払ってもその著作権者と連絡することができない場合
　　に、文化庁長官の裁定を受け、通常の使用料の額に相当する額の補償金を供託し
　　て、その裁定に係る利用方法により利用することができる、としている。ただし、
　　2008 年の改正によって、国や地方公共団体等は供託をする必要がなくなり、著
　　作権者と連絡がついた時点で補償金を支払う方式に改められた。

[注 6]「答申　ネットワーク系電子出版物の収集に関する制度の在り方について」
　　納本制度審議会，2004.12.9 (info:ndljp/pid/999243)

[注 7] 諮問に合わせ、「組み入れられない場合に収集すべき範囲、及びその方法は
　　いかにあるべきか」について調査審議が求められた。

［注 8］「インターネット情報の収集・利用に関する制度化基本方針（概要）」NDL．2005.3.2「七十年史　資料編」「主要文書 no.13」

［注 9］「七十年史」（p.67）によれば、「インターネット情報の収集・利用に関する制度化の考え方」は 2005 年 4 月 14 日から 27 日まで NDL ウェブサイトに公表され、意見募集が行われた。しかし、WARP にはこの期間のウェブサイトは保存されていない。意見募集後の 2006 年 6 月 17 日付の改訂版は、保存ページ（2006 年 6 月 28 日）で見ることができる。

［注 10］「七十年史」（p.67-68）では、制度化の作業が停滞した理由を、課題の膨大さによる検討の遅れ、制度設計の困難さ、関係者（NDL 内部も含む）の疑問や反対意見の根強さ、の 3 点にまとめている。

［注 11］「NDL、デジタルアーカイブポータル "PORTA" を一般公開（E706）」「カレントアウェアネス -E」（115）2007.10.15。

［注 12］「国立国会図書館ビジョン 2004」は、その役割として「国民の知的活動の成果を、印刷物から電子情報にいたるまで広く収集し、国民共有の情報資源を構築する」、「国政課題に関する調査・分析及び情報の提供によって、国会の立法活動を補佐する」および「行政・司法各部門及び広く国民に対し図書館サービスを提供し、現在及び将来にわたり、情報資源へのアクセスを保障する」の三つを掲げ、四つの重点領域として「立法補佐機能の強化」、「デジタル・アーカイブの構築」、「情報資源へのアクセスの向上」および「協力事業の推進」を挙げ、その下に重点目標を設けた。（2004 年度「年報」p.12-25 より）

［注 13］1977 年 3 月、NDL 職員組合の呼びかけで「国立国会図書館を考える会」（磯村英一会長）が発足し、「館長 "天下り" 人事に反対する声明」や要望書を両院議長へ提出するなどした。磯村英一，松浦総三編『国立国会図書館の課題』（白石書店，1979）には、その経緯や NDL30 周年に合わせて開催されたシンポジウム「国立国会図書館の現状と将来を考える」の記録等が収録されている。
なお、国立国会図書館法制定時から、第 4 条中に「館長の待遇は、国務大臣と同等とする」と定められていたが、2005 年 4 月の改正によって、その文言は削除された。

［注 14］中井万知子「日本の全国書誌サービス―その歩みと展望」『情報管理』50（4）（2007.7）p.193-200。この中で国際書誌コントロールを推進していた IFLA

の UBCIM（Universal Bibliographic Control and International MARC。1987
年に UBC から改称）が 2003 年に終了したことについても紹介している。

［注 15］「国立国会図書館の書誌データの作成・提供の方針（2008）」NDL.
2008.3.28（info:ndljp/pid/1000855）

第**7**章
長尾館長の5年間（2007年4月～2012年3月）

　戦後、将来に新しい希望をもって出発した国立国会図書館は「真理が
われらを自由にする」という標語を掲げて、国会の立法活動を補佐する
機関として、また、我が国唯一の国立図書館として、今日まで約60年
間、多くのことを成しとげて参りました。ここで、当館の創立100周
年までのこれからの40年間を展望しましたとき、当館の標語に倣って
言いますと、私は日本の図書館界の標語として「知識は我らを豊かにす
る」という言葉を掲げたいと思います。

　（中略）

　私は、最も大切なことは、日本の文化、日本人の心の本質といったも
の（すなわち、日本の知、知識）を我々がより良く自覚することである
と考えます。そしてその価値が世界に広く認識されるよう努力すること
によって、持続可能で平和な地球、心豊かな社会の実現に貢献できるも
のと考えます。なぜなら、専門的知識は技術を創造し、社会経済を発展
させますが、広い豊かな知識はより良い文化を創り出し、人々の心を豊

かにし、平和な社会を実現するための原動力となるものだからであります。

　　　　　長尾真「就任挨拶　知識は我らを豊かにする」「NDL 月報」No.554
（2007 年 5 月）p.1-2 より
（図 28）

（1）　長尾真館長の就任

　2007（平成 19）年 4 月、3 月末に退任した黒澤隆雄に替わり、長尾真が NDL の館長に就任した。1948（昭和 23）年に国務大臣であった金森徳次郎が初代館長に就任して以来、国会の外からの初めての館長である。

　長尾は 1997（平成 9）年から 2003（平成 15）年まで京都大学学長

知識は我らを豊かにする

長尾真

国立国会図書館のホームページをご利用の皆様に一言ご挨拶を申し上げます。

　戦後、将来に新しい希望をもって出発した国立国会図書館は「真理がわれらを自由にする」という標語を掲げて、国会の立法活動を補佐する機関として、また、日本で唯一の国立図書館として、今日まで約60年間、多くのことを成しとげて参りました。ここで、当館の創立100周年までのこれからの40年間を展望しましたとき、当館の標語に倣って言いますと、私は日本の図書館界の標語として「知識は我らを豊かにする」という言葉を掲げたいと思います。

　日本は今日まで科学技術を基盤として、皆が営々と努力し、進歩発展という概念に支えられて進んで参りました。しかし21世紀に入って振り返ってみますと、豊かな文明を築いてきた一方で、地球環境問題、食糧・資源・エネルギー問題、人口問題など、多くの深刻な問題を引き起こして来ているのに気づきます。したがって、これからの40年間にこういった深刻な問題を解決するとともに、実現すべき真の豊かさとは何かを真剣に追求してゆかねばなりません。そしてそういった世界を実現するために、日本が世界のために何が出来るかについて考えねばなりません。

（図 28）長尾真館長の就任挨拶「知識は我らを豊かにする」（前半部分）
　WARP 保存ページ（2007.9.3）
　https://warp.da.ndl.go.jp/info:ndljp/pid/260474
　NDL ウェブサイト．国立国会図書館について．館長挨拶

を務めた後、就任の直前まで情報通信研究機構理事長の職にあり、日本
図書館協会（JLA）会長も務めていた。また、NDL の審議会である科
学技術関係資料整備審議会の委員長でもあった。言語処理、画像処理の
研究の第一人者であり、1990 年代から電子図書館実験システム「アリ
アドネ」を開発し、第 3 章で紹介した著書『電子図書館』を 1994（平
成 6）年に刊行するなど電子図書館をテーマとする研究にも早くから取
り組んできた。

　冒頭に引用した文章は、就任後の「NDL 月報」の 5 月号、7 月に
NDL ホームページに掲載された就任挨拶の一部分である（図 28）。「知識
は我らを豊かにする」と題し、知識が文化や心の豊かさの原動力となる
との主旨で、この言葉を日本の図書館界の標語として掲げたとしている。
国立国会図書館法の前文に掲げられた「真理がわれらを自由にする」と
いう語句を援用し、自ら標語を作るというのは、これまでの館長には考
えられない発想であったと言えよう。また、NDL のみではなく日本の
図書館界の標語としたことに、立法府の組織、唯一の国立図書館として
NDL が暗黙のうちに築いていた懸隔を軽々と飛び越え、図書館界をリー
ドしていくとの姿勢を見ることができる。

　館長就任後、長尾は NDL の館内をくまなく回り、業務を見学して、
その場で多くの職員と懇談した。

　個人的なことで言えば、第 6 章（6）で述べたように、2007 年時点で、
私は書誌部書誌調整課長を務めており、書誌部長とともに長尾館長に書
誌部の業務や状況について説明することが多かった。そのため、長尾館
長からは「書誌の中井さん」と呼ばれていたように記憶している。

　長尾は著書『電子図書館』において、図書などの冊子体の単位のみを
対象とする従来の整理技術に対して疑問を呈し、十進分類法などの分類
体系の時代は終わったと表明していた。職員との懇談では、どちらかと
言えば聞き役に徹し、現場の業務を尊重する態度を崩さなかったが、た

とえば件名標目の語彙間の関係づけを整備するシソーラス化を整理作業の中で行っていることに対して、人間がやると矛盾が生じる、機械でやるべきではないか、といったことをつぶやいたこともあった。書誌情報作成に労力をかける時代は終わったと考えていることは歴然としており、就任早々に書誌データを作成・販売している民間の流通MARC作成機関に見学に行くことになり、私も指示されて同行したことがある。長尾館長就任の時点で、2008年4月に書誌部は収集部と合併し、収集書誌部に再編されることは、既定の方針として準備が進められていた。その中で書誌データの作成工程に民間の流通MARCを導入するなど、整理業務の合理化についても検討が行われていたことは、長尾の方向性と合致していたと言える。外部資源の導入を盛り込んだ新しい方針も部内で策定中だった。長尾の問いかけに対し、「それは現在検討中です。」と返答することでやり過ごし、書誌作成の業務基盤を維持しようと画策する、どちらかと言えば館内の抵抗勢力だと思われていたかもしれない。

　さりながら、いつでも相手の話をきちんと聞き、「ほー」とか「なーる（なるほど）」とか、たいていは機嫌良く対応してくれる館長と話すのは、緊張することもなく楽しかった。そして、いつのまにか一段高い目標や課題を設定されてしまうということもありがちなことだった。前章（第6章（6））でも触れた2008年3月に策定した「書誌データの作成および提供の方針（2008）」も、今考えれば長尾の影響下にあった。

　本題に戻るならば、長尾は、2008年1月には、「国立国会図書館60周年を迎えるにあたってのビジョン（長尾ビジョン）」[注1]を公表し、前述の標語のもとに七つの項目を列挙した。その項目の一つは、「利用者がどこにいても、来館者と同様のサービスが受けられるように努めます。」であり、平易な表現ながら目指すところは高い。

　こうして新しい空気を館長自らが吹き込む中で、電子図書館事業の課

題についても、次のフェーズへと前進する歯車が、急速に回り始めたと
言える。

（2）　資料デジタル化への環境整備

　長尾が館長に就任する直前の 2007 年 3 月、著作権制度の重要事項に
ついて審議する文部科学省文化審議会著作権分科会に「過去の著作物等
の保護と利用のための小委員会」[注2]（以後、過去小委）が設置された。
審議内容は、著作権者が不明の場合に著作物の利用を円滑化する方策、
アーカイブへの著作物等の収集・保存と利用の円滑化方策について等で
あり、まさに NDL の電子図書館事業の課題に直結していた。
　また、内閣に 2003（平成 15）年に設置された知的財産戦略本部[注3]は、
毎年度「知的財産推進計画」（以後、「知財推進計画」）を策定し、担当
官庁の取組みの内容と工程表を示している。「知財推進計画 2007」には、
過去小委の審議内容と同様の事項が盛り込まれ、知財推進計画のコンテ
ンツ関連施策の中に初めて「アーカイブ化の促進」が位置づけられた。
　2007 年 12 月に過去小委は「アーカイブ・ワーキングチーム」を設置し、
NDL から当時の電子情報企画室長の田中久徳がチーム員として参加し
た。2008 年 4 月にとりまとめられたチームの報告書「図書館等におけ
るアーカイブ事業の円滑化方策について」では、「ひとまず国会図書館
において納本された後にデジタル化できるよう、法的な措置を講じるこ
とが必要である。」とし、従来の図書館における保存のための複製だけ
ではなく、NDL においては収蔵資料を著作権の有無にかかわらずデジ
タル化できるようにする法改正が提言された。ただし、その利用につい
ては、著作権者の権利を損なうおそれがあるため、関係者による協議が
必要であり、その結果を受けて、可能なところから立法等の措置を講じ
ることが適当とされた。同 5 月には、この報告書の内容を盛り込んだ

過去小委の中間総括が示された。

　この年策定された「知財推進計画2008」は、コンテンツの流通促進策の一つとして「国立国会図書館のデジタルアーカイブ化と図書館資料の利用を進める。」ことを項目立てし、NDLの蔵書のデジタル化やインターネット情報の収集保存の推進のための関係府省の連携、蔵書デジタル化のための法的措置を2008年度中に講じるとしている。これによって、NDLの事業は、制度化においても国の施策としても裏付けを確保したことになる。

　2009（平成21）年初頭には、世界の出版界にとって大事件が起こった。協定を結んだ大学図書館等の蔵書を電子化し、Googleブックサーチによって提供してきたGoogle社に対し、米国作家協会が著作権侵害を訴える集団代表訴訟を起こし、その和解案が公告されたからである。当初Google社は、図書館蔵書の電子化と提供は、米国著作権法のフェアユースにあたると主張したが、2008年には著作権者に一定の著作権料を支払うとの和解案を示すに至った。この公告によって、電子化対象の図書館の蔵書には、必ずしもその図書館が所在する国の著作物だけではなく、他の国の著作物も含まれるという事実に直面し、各国の著作者や出版界は衝撃を受けた。巨大な資本と技術を持つ米国の私企業が世界の出版物のデジタル化に侵攻して来たということから、日本では「黒船来航」とまでたとえられることになった。

　結果的に、Google社は電子化対象を英語圏の国の書物に絞り、その他の国の著作物は対象から除外することになったが、この事件を契機とし、日本においても出版物の電子的な流通に本腰を入れなくてはならないとの危機感が高まった。この動きは、総務省、文部科学省および経済産業省の三省によって2010（平成22）年3月から6月まで開催された「デジタル・ネットワーク社会における出版物の利活用の推進に関する懇談会」[注4]（以後、三省懇）で国レベルの要検討事項となり、2010年は"電

子書籍元年 " と呼ばれることになる。三省懇は、設置の背景として「我が国の豊かな出版文化を次代へ着実に継承するとともに、デジタル・ネットワーク社会に対応して広く国民が出版物にアクセスできる環境を整備することは、国民の知る権利の保障をより確かなものとし、ひいては、知の拡大再生産につながるものである」として、出版業界、情報産業、学術機関等から幅広いメンバーを集めた。

　この時期、携帯電話の普及によるモバイル環境の成熟に加え、アップル社による iPad の発売、アマゾン社の電子書籍リーダー Kindle の登場など、国際的な巨大企業の攻勢は留まることを知らず、さまざまな動きが臨界点に達していた。三省懇と NDL との関係については後述するが、「Google 問題」は、ある一面をとりあげるならば、自国の出版物を網羅的に収蔵する国立図書館が、その蔵書を電子化することには意義があり、当然のことである、ということを認識させる時代の動きであったと言えるだろう。

（3）　著作権法改正と大規模デジタル化

　NDL では、文化審議会の過去小委の中間総括を受け、2008（平成20）年中に著作権者、出版団体、図書館等の代表者からなる「資料デジタル化及び利用に係る関係者協議会」を設置し、2009（平成 21）年3 月に第一次基本合意に達した。デジタル化は画像で行い、テキスト化は検証事業等の結果により改めて協議すること、対象として国内刊行雑誌の古いものを優先すること、利用は NDL の施設内のみ、複写はプリントアウトでのみ提供すること等が合意事項となっている [注5]。

　時系列で見るならば、2009 年 5 月 29 日、2009 年度緊急経済危機対策補正予算が成立し、NDL に約 127 億円の資料デジタル化経費が計上された。この金額は、2000（平成 12）年度に初めて NDL の予算にデ

ジタル化経費が計上されてからの10年間の総額を、さらに約10倍した額にあたる莫大なものであった。

同じく2009年6月12日「著作権法の一部を改正する法律」が成立、6月19日に公布された。第31条第2項の追加により、NDLが「図書館資料の原本を公衆の利用に供することによるその滅失、損傷若しくは汚損を避けるために」利用に供する代替手段として電磁的記録を行う場合、「必要と認められる限度において、当該図書館資料に係る著作物を記録媒体に記録することができる」とした。改正法は2010年1月に施行された。これによって、NDL所蔵資料の保存を目的としたデジタル化が明文化され、著作権処理を経てからデジタル化を行うとの従来の枠組みは取り払われたことになる（図29は、改正後のデジタル化のフローを作図したもの。改正前は図26を参照）。

なお、2009年の著作権法改正は、インターネットにおける著作物利用の円滑化を図ることだけでなく、障害者の情報利用の機会の確保も目的として掲げた。そのため第37条第3項を大幅に改正し、「視覚障害者その他視覚による表現の認識に障害のある者」（視覚障害者等）に対し、公表された著作物の音声等による複製、または自動公衆送信を行うことを認めた。サービスを行う事業者の範囲も拡大し、サービス対象者に対する録音データやテキストデータ等のダウンロードサービスが実現することになった。

NDLは2010年までの2か年で、大量の所蔵資料のデジタル化を実施するため、「大規模デジタル化本部」を館内に設置し、全館的な体制で作業に着手した。2009年9月17日に開催された「国立国会図書館の資料デジタル化に関する説明会」の資料によれば、その時点で想定されていたデジタル化の対象は、和図書は1968（昭和43）年までに刊行された約75万冊、新たに対象となった国内刊行雑誌が約1万8千タイトル、博士論文約13万冊、古典籍10万冊等であった。「七十年史」には、

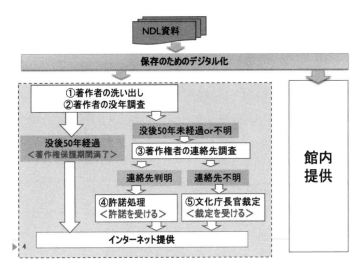

（図 29）　2009 年改正著作権法による資料デジタル化

　大規模デジタル化をはじめ、NDL のメディア変換やデジタル化の経緯がかなり詳しく記述されているが、「大規模デジタル化事業は、これまで国立国会図書館が実施した事業の中で突出して予算規模が大きく、かつ、かなり突発的に発生したものであるため、プロジェクトを運営する上で多くの苦労があった。」とあるように、外部委託のための仕様調整、何本もの調達、進捗管理を臨時の本部体制を組むことで乗り切ったことになる。補正予算は 2010 年度にも約 10 億円が計上され、3 年間の終了時点においては、デジタル化された資料は、既存のデジタル化分も含めると、NDL の「所蔵資料のうち和図書の約 1 ／ 5、和雑誌の約 1 ／ 4 にあたった」とされる。

　デジタル化の方法としては、マイクロフィルムを撮影し、そのフィルムをデジタル画像に変換するこれまでの方法から、資料から直接デジタル撮影を行う方法に転換し、「国立国会図書館資料デジタル化の手引き」

も改訂された [注6]。また、関西館の電子図書館課では、「近代デジタル
ライブラリー」の拡張開発を実施することになった。それまでの「近代
デジタルライブラリー」は、著作権処理を経て、インターネットで提供
できるもののみを収録していた。しかし、改正著作権法に基づきデジタ
ル化された資料は、NDLの施設内でのみしか閲覧できないため、アク
セス制御を行う機能が必要となる。さらに膨大で多種多様なデジタル化
資料に対応するために、デジタルアーカイブシステムの拡張開発も行わ
れることになった。

　なお、次ページ「（表3）2012（平成24）年度末のNDLデジタル化
資料の範囲」は、2013年4月時点のNDLのウェブサイト（WARP保
存ページ）の情報を参考に作表したものである。

（4）　「インターネット資料」の収集制度化

　電子図書館事業のもう一つの柱であるインターネット情報の収集保存
についても動きがあった。収集制度化の基本方針の見直しが進められ、
2009（平成21）年7月2日、「インターネット資料」の収集に関する
規定を盛り込んだ「国立国会図書館法の一部を改正する法律案」が第
171回国会に提出された。法案は7月3日に成立し、同10日に公布、
2010年4月1日に施行された。その日から、WARPは法律に基づく収
集ができるようになったのである。

　国立国会図書館法は、第24条および第24条の2で国等の公的機関
の出版物の納本、第25条および第25条の2で民間出版物の納本を規
定しているが、新しく第25条の3を加え、「国、地方公共団体、独立
行政法人等のインターネット資料」をNDLが記録媒体に記録して収集
できるように規定した。「インターネット資料」とは、インターネット
で公表されている情報を広く指すものであるが、図書館資料として扱う

（表 3）2012（平成 24）年度末の NDL のデジタル化資料の範囲

時代区分：江戸期以前｜明治｜大正｜昭和前期｜昭和戦後｜平成
年代目盛：1860　1870　1880　1890　1900　1910　1920　1930　1940　1950　1960　1970　1980　1990　2000　2010

資料区分	内容
古典籍資料（概数 29 万冊）	7 万点　「近代デジタルライブラリー」でインターネット公開。館内提供は 2 万点
和図書（概数 427 万冊）	「近代デジタルライブラリー」でインターネット公開 34 万点。1968 年までに受け入れた図書　館内提供 55 万点
和雑誌（概数 455 万冊）	105 万点（2000 年まで）インターネット提供は 0.5 万点
博士論文（概数 39 万冊）	1991〜2000 年度に送付された論文　インターネット公開は 1.5 万点　14 万
官報	1883〜1952 年に発行された官報　2 万点
その他	歴史的音源（インターネット公開 740 点／館内提供 4 万点）、憲政資料（インターネット公開 140 点）、日本占領関係資料（インターネット公開 700 点）、ブランゲ文庫（館内提供 0.3 万点）
計	225 万点（インターネット公開 47 万点／館内提供 178 万点）

＊表の作成は、NDL ウェブサイトの WARP 保存ページ 2013 年 4 月 5 日「国立国会図書館について、電子図書館事業」を参考にした。
＊資料の概数は同保存ページに見る平成 23 年度の「活動実績評価に見る平成 23 年度の国立国会図書館」p.8 より。
＊インターネット提供分 ■　館内限定提供 □

観点から、新しく導入された用語である [注7]。ただし、収集する目的を「公用に供するため」とし、収集対象を第24条および第24条の2で規定している公的機関の「インターネット資料」に限定したことがポイントである。なお、この改正に伴い、著作権法も改正され、NDLが国立国会図書館法に定める「インターネット資料」の記録をできるとする条文が設けられた [注8]。

　これにより2010年にWARPの正式名称は再度改められ、「インターネット資料収集保存事業」となった。国等の機関については、許諾を得ることなく一定の頻度によりウェブサイトを収集することが可能になり、著作物単位の収集も同様である。ただし、利用提供については、NDLの館内での提供はできるものの、インターネットでの提供は許諾を得る必要があることは変わらなかった。また、民間のインターネット情報については、従来と同じく、選択的に許諾を得て行う必要があった。

（5）　「オンライン資料」の収集制度化に向けて

　「インターネット資料」に関する国立国会図書館法の改正が成立してから3か月後、2009（平成21）年10月13日には、早くも館長から納本制度審議会に新たな諮問がなされた。今回の諮問は、民間のインターネット情報のうち「図書、逐次刊行物等に相当する情報」を収集するための制度の在り方を問うものであった [注9]。つまり、NDLが広く定義している「ネットワーク系電子出版物」のうち、一般的に「オンライン出版物」と呼ばれるものの収集制度化であり、「インターネット資料」に対するに「オンライン資料」という語が充てられた。

　この諮問は、電子書籍、電子ジャーナル等、従来の出版物に替わり得る電子出版物を確実に収集できるようにし、利用提供までの組み立てを創出すべきであるとの長尾館長の強い意向と、さらに後述する「長尾構

想」を反映したものであったと言えよう。集中的な審議のために「オンライン資料の収集に関する小委員会」が設置され、2010（平成 22）年6 月 7 日には「オンライン資料の収集に関する制度の在り方について」の答申がなされた [注 10]。

　答申では、「オンライン資料」を、従来の出版物と同様になんらかの編集制作過程を経たものとして、ウェブ情報や放送番組等と区別し、有償・無償を問わず収集対象になり得るとした。収集方法としては、発信主体による送信が主となり、可能な場合は自動収集も手段になり得るとしている。また、NDL の施設内における利用提供について、物理的媒体がある資料と同等に、同時アクセス数は限定されることが想定されるとした。また、オンライン資料の収集に対する経済的な補償として、従来の出版物のような納本代償金の考え方は適用できないが、発信主体が送信する場合に要する費用が考慮の対象になり得るとしている。

　その上で、「文化財の保存と蓄積に係る館の任務として、これらオンライン資料の収集については、制約ある資源の中であっても、段階的にかつ着実に取り組む必要がある。」と結論づけている。

　NDL はこの答申を受け、関係団体とも協議しながら民間の「オンライン資料」の収集に向けた国立国会図書館法の改正に取り組むことになる。ただし、「従来の図書、逐次刊行物に相当する」とはしながらも、その流通経路や技術的な条件は従来の資料とは大きく異なり、たとえば権利保護のための技術的制御である DRM（Digital Right Management、デジタル著作権管理）が施されたオンライン資料をどう扱うかなど、未解決の課題は多かった。

　NDL は 2011（平成 23）年 9 月 20 日、納本制度審議会に対して「オンライン資料の制度的収集を行うに当たって補償すべき費用の内容について」さらなる諮問を行い、2012（平成 24）年 3 月 6 日に中間答申を得て、法改正案をとりまとめるに至った [注 11]。

　なお、次ページ図 30 は、NDL が電子出版物の収集制度化にあたっ
て用いた図を参考に作図したもので、上図が出版物の大まかな区分、下
図がその中の「インターネット資料」および「オンライン資料」の収集
制度化の範囲を示す。

（6）　「長尾構想」

　こうして 2007（平成 19）年から 2010（平成 22）年に至るまでに、
NDL の電子図書館事業は愁眉の課題をいくつかクリアし、次のステー
ジへの突破口を開いたと言えよう。そのステージを築くために、多大な
努力が払われることになるが、決して視界が良好だったわけではない。
　それは、所蔵資料のデジタル化、ネットワーク系の収集・保存の制度
化が、電子情報を従来の紙の「資料」のアナロジーで扱うことに折り合
いを見出したということにあろう。電子的に活用できる蔵書は増えて
も、それは紙の資料と同じく NDL に来館しないと利用できない。図書
館への貸出にさえ使用できない。「どこでも、いつでも、だれでも」と
いうフレーズで情報格差の是正をうたった「構想」、また、「利用者がど
こにいても、来館者と同様のサービスが受けられる」ようにするという
「長尾ビジョン」（本章（1）参照）の目標からも程遠いところにある。
情報の生産・流通の世界における様々な分野のクリエーターやプロバイ
ダー、出版界の様々なステークホルダーの中で、図書館の役割はそこま
でなのだろうか。
　長尾はかなり早い段階で、国立図書館が主軸になって電子出版物の流
通を促進する方策を構想し、様々な機会に発表することになる。2008（平
成 20）年 4 月の日本出版学会春季研究大会の基調講演で、電子納本さ
れた出版物やデジタル化資料の利用に対する課金による出版界への還元
モデルについて言及し、2009（平成 21）年 1 月には、日本ペンクラブ・

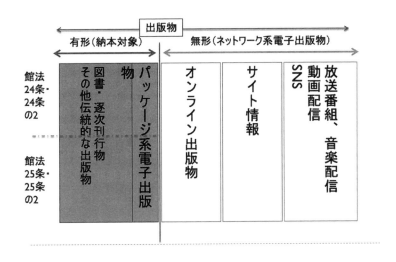

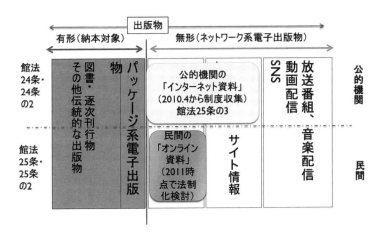

（図30）NDLにおける出版物の制度収集の範囲（概念図）2011年度時点

追手門学院共催セミナーにおける「ディジタル時代の図書館と出版社・読者」の講演で、「電子出版物流通センター（仮称）」のモデルを示している[注12]。

　2010（平成22）年10月に新装版として刊行された『電子図書館』（岩波書店刊）に新しく追加された序文「新装版にあたって」で、述べられたモデルは次のようなものである。

　1)NDLは、出版社から出版物（紙および電子出版物）の納本を受け、紙の出版物についてはそのデジタルデータを購入等の方法によって収集し、NDLのアーカイブに蓄積する。

　2)民間に設立された「電子出版物流通センター（仮称）」といった機関が、NDLからアーカイブのデータを無償で借入れ、利用者へのアクセス窓口を運営する。利用者からのアクセス料金の徴収、出版社への支払い、著作権処理等はこのセンターが行う。

　3)利用者は、安価なアクセス料金を支払い、出版物をダウンロードで購入する。または読書料金を払って一定期間利用する。

　4)出版社は、その料金がセンターから支払われることで、利益を確保する。

　5)公共図書館等は、NDLからデジタルデータの貸出を受け、利用者は館内でこれを閲覧できる。その場合、データ量に応じて公共図書館がセンターに利用料金を支払うなどのモデルが考えられる（図31）。

　そして、激変を迫られる出版界の発展と「情報技術を最高度に利用した電子図書館の第二ステージに向かって努力する必要がある」としている。この構想は、あくまで長尾の私的な構想として公表され、NDLの組織の中での議論は限られていた。また、出版界からは出版界自らがモデルを創出すべきとの声があり、図書館界からは有償化を懸念する声があった。

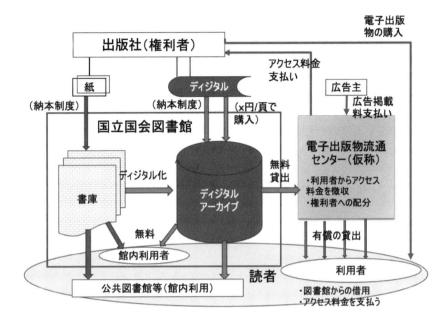

（図31）　「長尾構想」のイメージ図

「ディジタル時代の図書館と出版社・読者」（長尾真『電子図書館　新装版』所収）を
参考に作図

　「Google 問題」の後、2010 年 3 月に設置された三省懇（本章（2）参照。
会議資料や報告書は総務省ウェブサイト [注4] で公開）には、出版物や
情報に関わる関係者が広く招集されたが、長尾もその一員であり、3 月
17 日に開催された 1 回目の会議で「電子書籍の配信利用における図書
館サービスの位置付け」とする資料を提出し、自らのモデルを提示して
いる。そこでは、国の政策主導による取り組みが進められることは喜ば
しいとしながら、国民の知る権利を保障するために「我が国で生産・流
通された知の総体へのアクセスを公的に保障する必要がある」とし、図
書館の担ってきたその役割を引き続き確保し、「ディジタル流通下にお
いても図書館の役割を明確に位置づけることが重要である」と述べられ

ている。

　しかし、同年6月の三省懇の報告書「デジタル・ネットワーク社会
における出版物の利活用の推進に関する懇談会報告」（2010年6月
28日）は、「「知のアクセス」に係る図書館と民間、とりわけ出版者
の役割分担をどのように考えるかは、重要なテーマの一つである」
としつつ、種々の意見を列挙するに留め、デジタル・ネットワーク
社会における図書館の在り方を検討する場を別に作るべきであると
のまとめをしている。

　その検討は、文化庁が2010年11月に設置した「電子書籍の流通と
利用に関する検討会議」（会議資料や報告書は文化庁ウェブサイト [注13]
で公開）のテーマの一つとして行われた。2011（平成23）年12月21
日の報告書では、NDLが保有するデジタル化資料は、「我が国の重要な
知の集積であり、当該資料の利活用にあたっては、例えば、各家庭への
送信や公立図書館等への送信など様々なサービスの在り方が想定されう
る」としたが、「各家庭等までの送信」は、集中的な権利処理を行う仕
組みが必要であり、解決すべき課題が多く相当の期間を要するとした。
そのため、NDLのデジタル化資料の「送信サービス」を、絶版等によ
り市場では入手が困難な資料に限定し、まずは公立図書館等に対して実
施するという、かなり現実的な結論に落とし込んだと言えよう。

（7）　長尾館長から受け継がれたもの

　長尾の在任中に着手され、NDLに受け継がれたものは数多い。
　2011（平成23）年10月には、これまでの資料提供部および主題情
報部という資料の所管と利用者サービスを担当する2部を「利用者サー
ビス部」として統合するにあたり、「電子情報部」を創設した。NDLの
電子情報やシステムに関する企画、開発や運用を行う部署を一本化し、

総務部の課であった情報システム課、そして企画課の電子情報企画室を取り込み、新部は、「電子情報企画課」、「電子情報流通課」、「電子情報サービス課」および「システム基盤課」の 4 課で構成されることになった。また、将来的な情報システムの調査研究のための「次世代システム開発研究室」も設置された。ただし、関西館の電子図書館課は関西館の組織として残った。

　また、2011 年 3 月 11 日に発生した東日本大震災による未曽有の災害の記録を残すためのアーカイブの重要性を働きかけ、2012 年 2 月には、「東日本大震災アーカイブ」の構築を発表し、記録を保有する機関と協力し、震災による資料、ウェブサイト、画像等を一元的に検索するポータルサイトを整備するとした。1 年後の 2013（平成 25）年 3 月には、「国立国会図書館東日本大震災アーカイブ（ひなぎく）」（https://kn.ndl.go.jp/）が公開されることになる。

　2011 年 5 月には文化庁と NDL が「我が国の貴重な資料の次世代への確実な継承に関する協定」を締結し、これまで体系的には収集・保存の対象とされてこなかった資料の収集、保存、活用等について連携・協力をはかることに合意している。当面の対象は、テレビやラジオの台本や脚本、音楽関係資料およびメディア芸術(マンガ、アニメーション、ゲーム等）とした。

　そして、2012（平成 24）年 1 月「NDL 月報」No.610 の長尾の「新年のごあいさつ─震災アーカイブの構築と新しいサービス」では、震災アーカイブ、大規模資料デジタル化の成果、電子情報部の設置に触れた上で、NDL が「こうして、高度の電子図書館の構築、震災アーカイブをはじめとする「知識インフラ」の構築に向けて努力してゆこうとしております。」と述べられている。ここで言及された「知識インフラ」は、2011 年の科学技術関係資料整備審議会（同年、「科学技術情報整備審議会」に改編）の答申を受け、NDL が策定した「第三期科学技術情報

整備基本計画」で打ち出されたキーワードで、学術研究における「多様なデータ・情報を保存、管理し、それらを有機的に関連付けることで知識として活用し、別の研究活動や文化実践へとつなげていけるような基盤」であり、NDL が多様な機関と連携して推進していくとしている。震災アーカイブは、その先行的事業の一つとして位置づけられている [注14]。前項で述べた「長尾構想」は、出版物の電子的流通のモデルであったが、「知識インフラ」は学術情報の生成過程からのデータを対象とし、さらなる拡がりを見せていると言えよう。

こうした多くの置き土産を残し、長尾は、2012（平成 24）年 3 月末で NDL 館長を退任した。置き土産ということならば、国立国会図書館長長尾真の名のもとに、NDL の管理職者等に配布された全 27 ページの冊子「未来の図書館を作るとは」（2012 年 3 月）[注15] は、本当の意味でそうであろう。

この論考は、長尾が従来から図書館に関して考察してきた内容に、積極的に求め続けていた新しい知見を反映し、図書館の将来を指し示そうとする意図を持つ。図書館を社会が知識を共有するためのシステムとしてとらえ、「電子図書館」は、知識が資料や媒体の制約を超え、巨大なネットワーク構造を持つ知識システムとして実現されるべきとしている。人間の頭脳が取り入れた知識や情報を関連づけて成長していくように、電子図書館も与えられた知識や情報を自ら組織化し、発展してゆかなければならない。そして、「未来の図書館を作ることは、未来の自分の頭脳をヴァーチャル世界に作ることであるともいえる。魅力的で挑戦的なことではないだろうか。」と結んでいる。人間の認知から知識社会全体の機構まで、そして、形而上学的な思索からごく現実的な解決策まで、大きな振幅で考え続けていた彼ならではこその結語であるように思う。

なお、長尾は NDL 館長在職中の 2008（平成 20）年には国の文化功労者となり、2018（平成 30）年には文化勲章を受章している。

（8）　長尾館長から受け継がれたもの・補足

　長尾館長の 5 年間を振り返るならば、情報流通の仕組みが大きく揺さぶられるに至ったまさにその時期、自ら先頭を走っていくリーダーを持ったことは、NDL にとってまたとない幸運だったと考えるしかない。もちろん長尾が NDL の電子図書館事業を創設したわけではなく、NDL の電子図書館の枠組みはすでに着々と形成されていた。その 5 年間は、長尾がアクセルを踏み、さまざまな接点を活性化することによって、制度的な整備や大規模なデジタル化が一挙に進み、大幅にスケールアップした時期と言えよう。ただし、その枠組みは、長尾の考えるような“高度な電子図書館”とはかなり様相を異にしていた。

　1994 年の著書『電子図書館』で、長尾は、電子図書館におけるもっとも大きな課題は情報をどう集めるかであるとし、「電子納本される今後の本についてはよいが、過去の膨大な冊子体の図書、これからも増え続けるだろう紙による出版など」をどこまで電子化するかが問題であると述べていた（新装版 p.107）。つまり電子出版物の“電子納本”を当然視していたことになる。しかし、実際に NDL が行っていたのは公的機関のウェブ情報のアーカイビングであり、そのための制度化もまだ達成されておらず、電子書籍や電子ジャーナル等の収集についてはほぼ手つかずであった。さらに、“過去の膨大な冊子体の図書”に対しては積極的な電子化が進められてはいたが、マイクロフィルムからの画像による電子化であり、かろうじて目次がテキスト化されているものの、すべてがテキストとして階層的・構造的な検索が可能な電子図書館とはほど遠かった。おそらく長尾は、国立図書館という機構が持つ高いポテンシャルを信じ、それをいかに発揮するかを課題として館長に就任したのではないかと思われる。実際には、内部的にも外部的にも幾重にも枠が

はまり、想定していた以上のもどかしさがあったと想像するしかない。NDL は、知識・情報の生産と流通の仕組みの中で 60 年に渡って築いてきた立ち位置を基本的に変えることなく、自らの基盤を守りながら、堅実にネゴシエーションを積み重ねることを自らのスタイルとしていた。また、出版流通に携わるステークホルダーたちは、この変化の時期において、NDL が出版物の保存庫の番人という役割を逸脱することに対して警戒感を示していた。

　長尾は、それに対し粘り強くかつ実際的に対処し、「インターネット資料」収集の制度化の直後に、「オンライン資料」収集の制度化を方向づけ、資料の大規模デジタル化に並行して、全文テキスト化の実証実験も行った。そして、「長尾ビジョン」や「長尾構想」のように、自分の名を前面に出すことで組織からある程度の距離を置き、発言や活動の自由さを担保していたと考えられる。紙の出版物の納本と同時に、その電子データも出版者から購入するなどして収集しアーカイブするという「長尾構想」の提案の一つにも、高度な電子図書館を目指す意志が示されている。

　1998（平成 10）年の「構想」以降、NDL は次の電子図書館の構想を策定していないが、長尾はそれに対し、新たな構想のラフスケッチを残していったと言えるかもしれない。ただし、98 年の「構想」が基本的に NDL の力で可能な事業として範囲を設定され、実現されていったのに対し、長尾の目指すものは日本の情報基盤全体に係わる、ある意味で雲をつかむような拡がりを持つものだったのではないだろうか。それからの期間はどのようなものだったのか、次章では NDL の 2012 年以後の動きについて見ていくことになろう。

　なお、前章まで電子図書館の中心人物として名前があった田屋裕之の動静について述べておくと、長尾館長のもとで収集書誌部長、総務部長

という中枢の役職を占め、2011（平成 23）年 12 月には副館長に任じられた。前面に出るのは長尾館長であり、どちらかと言えば田屋はそのサポートに回り、館内の体制整備にあたっていたと考えられる。

　個人的な記憶から言えば、田屋がある時期力を注いだのは、国の電子政府推進計画の枠組みに基づき 2008（平成 20）年 3 月に策定した「国立国会図書館業務・システム最適化計画」の推進であったように思う。業務やサービスの遂行のために情報システムの役割が決定的になる中で、最適化計画は巨大化を続ける NDL のシステムを再編することを目的とし、前章で述べた「電子図書館基盤システム」のような大規模なスクラッチによる独自開発ではなく、既存のパッケージシステムの導入を前提とし、個別に存在するシステムを極力統合することを目指していた。NDL の情報システム関連業務は、再度転換点に立っていたと言えよう。この動きは長尾館長の肝いりである電子情報部の創設の方向性と合致してはいたが、情報統括体制といった管理的な色彩が濃い最適化の枠組みと比べた場合、電子情報部の「次世代システム開発研究室」の設置には、職員が自らの創意工夫でシステム開発に取り組むことを期待する長尾の考え方が反映されていた。なお、2011（平成 23）年 10 月に発足した電子情報部の部長には、総務部情報システム課長だった中山正樹が就任した。

　私自身は、収集部と書誌部統合後の収集書誌部で書誌調整担当司書監を 1 年務めた後、2009（平成 21）年 4 月から 2 年間、関西館長として関西館に赴任した。2009 年 4 月と言えばまさに大規模デジタル化が動き出そうとしていた時点で、デジタル化の作業自体は対象資料がある東京本館に設置された「大規模デジタル化本部」体制によって進められ、関西館の電子図書館課は、膨大なデジタル化資料を投入し、サービスを行うためのデジタルアーカイブのシステムの開発を担当していた。同時に、インターネット資料の収集制度化に伴う WARP の拡張や収集のス

ケジューリングにも追われていた。

　東日本大震災が起こった翌月、2011（平成23）年4月には、資料提供部長として東京本館に戻り、長尾館長の退任時には、情報提供部と主題情報部の統合によって発足した利用者サービス部の部長を務めていた。2012（平成24）年1月には東京本館の大規模な利用者サービスのリニューアルがあり、利用者端末から大規模デジタル化の成果であるデジタル化資料の閲覧や複写ができるようになった。電子図書館課が開発した新しいデジタルアーカイブシステムである「国立国会図書館デジタル化資料」（「NDLデジタルコレクション」の前身）による新サービスを、今度は利用者サービスの立場で見届けることができたことになる。

　たとえば海外の図書館との会議などで、長尾館長が次々に出来そうもないことを提案したりするのには呆然とすることもあったが、多くの人々に尊敬され、自由闊達な長尾館長の時代を経験できたことは、個人的にも幸運であったと思う。

　もう少しだけ時計を先に進めておきたい。田屋は長尾館長退任後に就任した大滝則忠館長のもとで副館長の職にあったが、以前から職務のかたわら癌の治療を続けており、2012（平成24）年9月に辞任し、NDLを退職した。周りには、しばらく療養に専念し、いずれはまた本を書きたいと話していた。しかし、それはかなわず2013（平成25）年4月に60歳で死去した。副館長の任期は定められているわけではないが、田屋と私は同学年だったので、本来ならば同じ時期に退職することになっていただろう。

　私は、2012年4月から1年間、調査局の議会官庁資料調査室の専門調査員を務めた後、2013年3月末でNDLを退職した。

〈注〉………………………………………………………………………………………

［注 1］「国立国会図書館 60 周年を迎えるにあたってのビジョン（長尾ビジョン）」
NDL（WARP 保存ページ　2008 年 3 月 27 日）。七つの目標の概略は、立法補
佐機能の強化、日本の知的活動の所産の網羅的収集、情報への迅速で的確なアク
セスまたは案内、利用者がどこにいても来館者と同等のサービスを受けられる、
NDL の認知度の向上、国内の図書館との密接な連携・協力、海外の図書館との
情報の共有・交換である。

［注 2］文化庁ウェブサイト（https://www.bunka.go.jp/）の「政策について」→「文
化審議会・懇談会等」→「文化審議会著作権分科会」→「過去の著作物等の保護
と利用に関する小委員会」。ただし、審議資料や報告書は NDL の WARP の保存ペー
ジにリンク。

［注 3］知的財産戦略本部は、日本の産業の国際競争力の強化、知的財産の創造、保
護および活用に関する施策の推進のため、2003 年 3 月に内閣に設置された。首
相官邸ウェブサイト（https://www.kantei.go.jp/）の「政策」→「主な本部・会
議体」→「知的財産戦略本部」に毎年の「知的財産推進計画」を掲載。

［注 4］総務省ウェブサイト（https://www.soumu.go.jp/）の「組織案内」→「研究会等」
→「情報通信」→「デジタル・ネットワーク社会における出版物の利活用の推進
に関する懇談会」

［注 5］「資料デジタル化及び利用に係る関係者協議会第一次合意事項」2009 年 3
月 23 日。NDL ウェブサイトの「事業紹介」→「資料の保存」→「資料のデジタ
ル化について」に掲載。

［注 6］「国立国会図書館資料デジタル化の手引き　2011 年版」NDL 関西館電子図
書館課，2011。その後 2017 年版も作成され、NDL ウェブサイト（注 5 と同ペー
ジ）で公開。

［注 7］国立国会図書館法第 25 条の 3 では「インターネット資料」を「電子的方法、
磁気的方法その他人の知覚によつては認識することができない方法により記録さ
れた文字、映像、音又はプログラムであつて、インターネットを通じて公衆に利
用可能にされたものをいう」としている。

［注 8］著作権法第 42 条の 3 で規定されたが、2012 年の改正で第 42 条の 4、
2018 年の改正で第 43 条の規定となった。

［注 9］諮問全文は「国立国会図書館法第 25 条に規定する者（私人）がインターネット等により利用可能とした情報のうち、同法第 24 条第 1 項に掲げられた図書、逐次刊行物等に相当する情報を収集するための制度の在り方について」

［注 10］『答申　オンライン資料の収集に関する制度の在り方について』納本制度審議会，2010.6.7。

［注 11］『中間答申　オンライン資料の制度的収集を行うに当たって補償すべき費用の内容について』納本制度審議会，2012.3.16。中間答申では、オンライン資料を「A 無償で DRM なし」、「B 有償で DRM なし」、「C 有償で DRM あり」、「D 無償で DRM あり」の四つに分類し、A については、記録媒体で送付する場合の記録媒体と送料への補償が妥当であるが、B ～ D についてはなおも審議を要するとしている。

［注 12］村上泰子ほか「国立国会図書館電子図書館構想の変遷と課題―合意形成過程としてみた「長尾構想」を中心に」『図書館界』62(2) 2010.7, p.128-137。

［注 13］文化庁ウェブサイト⇒政策について⇒文化審議会・懇談会等⇒その他の懇談会等⇒電子書籍の流通と利用の円滑化のための検討会議

［注 14］NDL 利用者サービス部科学技術・経済課「「知識インフラ」の構築に向けて―「第三期科学技術情報整備基本計画」の策定」「NDL 月報」(610) 2012.1, p.23-27。

［注 15］長尾真『未来の図書館を作るとは』[長尾真] 2012.3。アカデミック・リソース・ガイド株式会社発行の『LRG　ライブラリー・リソース・ガイド』創刊号 (2012 年秋号) にも特別寄稿として掲載されており、本号はインターネットでも公開されている。

第 **8** 章
2021 年のデジタルシフトー2012 年から 2020 年代へ

　情報技術によって私たちの社会活動やコミュニケーションのあり方が変容し、さらに新型コロナウイルスが大きな影響を及ぼす中で、社会のデジタルシフトが加速しようとしています。

　この状況を踏まえ、国立国会図書館は、情報資源と様々な知的活動を的確につなげていくために、今後 5 年間を「国立国会図書館のデジタルシフト」推進期間と位置付け、7 つの事業に特に重点的に取り組みます。これらの重点事業は、将来にわたる全ての利用者に多様な情報資源を提供するユニバーサルアクセスを実現する事業と、そのための恒久的なインフラとなる国のデジタル情報基盤の拡充を図る事業から構成されます。

「国立国会図書館ビジョン 2021-2025―国立国会図書館のデジタルシフト―」
NDL ウェブサイト「国立国会図書館について―ビジョン」より

2012（平成 24）年 3 月末の長尾真館長退任後、NDL の館長に就任した大滝則忠は、元副館長で職員出身の初めての館長であり、2016（平成 28）年 3 月まで在任した。同年 4 月にはお茶の水女子大学学長を務めた羽入佐和子が女性初の館長として就任し、2020（令和 2）年 3 月まで在任した。2020 年 4 月には、大滝と同じく NDL 出身者で、長尾館長時代に副館長を務めていた吉永元信が館長に就任している。館長の在任期間は、NDL がその中期的なビジョンを更新する期間と符合しているため、「知識は我らを豊かにする」という標語のもとに掲げられた「国立国会図書館 60 周年を迎えるにあたってのビジョン（長尾ビジョン）」（第 7 章（1）参照）の後、どのようなポリシーが打ち出されたかという観点から少し見ておこう。

大滝館長のもとでは 2012 年 7 月に「私たちの使命・目標 2012-2016」が策定された。NDL の役割をオーソドックスに記述した内容で、原点回帰のようにも見えるが、掲げられた六つの目標の中では「東日本大震災アーカイブ」の具体性が際立っている [注1]。羽入館長のもとでは 2016 年 12 月に「国立国会図書館中期ビジョン「ユニバーサル・アクセス 2020」」が策定された。「時代的な変化に対応しつつ、普遍的視点をもって基本的役割を追求すること」を目指し名づけられたビジョンである。役割遂行のための四つの指針の中に、「組織力」、「情報発信」といった組織自らの姿勢に関する指針が盛り込まれていることには、むしろ外からの視線が感じられる [注2]。

さらに、吉永館長のもとでは 2021（令和 3）年に本章冒頭の「国立国会図書館ビジョン 2021-2025—国立国会図書館のデジタルシフト」が策定された（本章（8））。これまで策定されたビジョンの中には、標題に「デジタル」が掲げられたものはなかった。2012 年に形成されたスキーム、そしてほぼ 10 年を経て、さらに踏み出された新たなステップについて、本章では見ることにする。

（1）　2012 年の制度改正

　長尾が NDL を退任した 3 か月後の 2012（平成 24）年 6 月、準備されてきた二つの法改正が行われた。一つは「オンライン資料」の収集に関する国立国会図書館法の改正、もう一つがデジタル化資料の図書館送信に関する著作権法の改正である。これによって NDL の電子情報への取組みの次の足場が整備されたことになる。

■「オンライン資料」の収集制度化

　2012（平成 24）年 6 月 22 日、国立国会図書館法の一部を改正する法律が公布され、国立国会図書館法に第 25 条の 4 を追加し、国や公的機関以外の者も「文化財の蓄積及びその利用に資するため」、「オンライン資料」（インターネット等に送信され、利用可能になっている電子情報のうち、従来の図書または逐次刊行物にあたるもの）[注3]、を NDL に「提供しなければならない」と定めた。提供にあたって要する費用に相当する金額を支払うとの規定も設けている。これによって、先に収集対象となった公的機関の「インターネット資料」だけではなく、民間の「従来の図書または逐次刊行物」にあたる電子情報、つまり電子書籍・電子雑誌の収集が法的に規定された。2010（平成 22）年 6 月の納本審議会の答申（第 7 章（5）参照）に基づく法改正が行われたことになる。

　ただし、文化財の蓄積・利用といった目的に鑑みて支障がない場合、館長が特別の事由があると認めた場合等については適用から除外する規定も設けられた。別に定められた規程 [注4] では、すでに納本された図書や逐次刊行物と同じ版面の電子書籍や電子雑誌、また、長期的に蓄積し公開することを目的としているもの、つまり他の機関によって継続的に運用されているデジタルアーカイブのコンテンツ等が除外対

象にあたる。

　さらに「提供の免除」に関する附則（第2条）も設けられ、有償の
ものおよび「技術的制限手段」が付されているものは、当分の間、館長
の定めるところにより、「その提供を免ずることができる」とした。つ
まり商業的な電子書籍や有償契約による電子ジャーナル、閲覧や複製
を制限するDRM（デジタル著作権管理）を施されたコンテンツは、当
面は提供しなくてよいことになった。前述の規程では、提供の対象と
なるオンライン資料は、NDLが指定した標準的なコード類（たとえば
ISBN、DOI等）が付されているか、または標準的なフォーマット（た
とえば、PDF、EPUB等）の電子情報が対象とされた。制度の実効性を
期し、対象を絞るところからスタートしたことになる。

　改正法は2013（平成25）年7月1日に施行され、当面は無償で
DRMがないものを対象として納入（法律上は「提供」だが、収集の報知
にあたっては他の資料と同様「納入」の表現が使われている）の受付を
開始した。オンライン資料の納入の窓口は「オンライン資料収集（eデポ）」
としてNDLのウェブサイトに設置され、納入の方法として、「自動収集」
（URLを提示し、NDLがウェブロボットを使って収集）、「送信」（納入者
がファイルを送信用のシステムに登録する）および「送付」（媒体に格納
して送付する）の三つが設けられた。収集された資料のメタデータは「国
立国会図書館デジタルコレクション」（NDLデジタルコレクション。後述）
の「電子書籍・電子雑誌」の区分で検索でき、インターネット公開の許
諾が得られたものは本文も利用することができるようになった。

■ NDLのデジタル化資料の図書館送信

　2012年6月27日、「著作権法の一部を改正する法律」が公布され、
著作権法の改正が2013（平成25）年1月に施行された。第31条第3
項が追加され、NDLのデジタル化資料の中で、絶版等によって入手困

難な資料について、「図書館等において公衆に提示することを目的とする場合には」、自動公衆送信を行うことができると規定した [注5]。2010（平成 22）年に文化庁が設置した「電子書籍の流通と利用に関する検討会議」の結論が、この改正に反映されたことになる（第 7 章（6）参照）。これによって、それまで NDL の館内でしか利用できなかったデジタル化資料についても、入手困難と認められたものは図書館への送信が可能になった。また、送信を受けた図書館は利用者の調査研究の目的であれば、その求めに応じて送信された著作物の一部分の複製物を提供することが認められた。

　同 12 月には関係者の協議により、送信を受ける図書館は登録制によること、送信の対象とする資料については入手可能性調査を行い、出版者や著者からの申し出があれば対象から除外すること等の合意事項がと

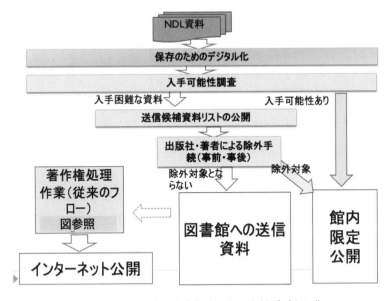

（図 32）　2012 年改正著作権法による資料デジタル化
著作権処理作業のフローは、図 29 を参照

りまとめられた [注6]。改正法の施行によって、2014（平成 26）年 1 月
21 日から「図書館向けデジタル化資料送信サービス」が開始された。
NDL のデジタル化資料は、「インターネット公開」、「図書館送信資料」
および「館内限定」の三つのステータスで「NDL デジタルコレクション」
から提供されることになった「70 年史」（p.138）によれば、2014 年 1
月の開始時点の「図書館送信資料」は、図書約 50 万点、雑誌約 67 万
点等約 131 万点であった。これに対し、「インターネット公開」の総数
は約 47 万点、「館内限定」は約 50 万点であった。登録を申請する図書
館も順調に増加し、大規模デジタル化の成果が多くの図書館で共有でき
るようになった（デジタル化から提供までのフローは、図 32 参照）。

（2）　“電子図書館サービス”の変遷

　ここで、長尾館長時代および 2012 年の制度改正をはさんで、本書が
これまで見てきたような NDL の“電子図書館サービス”がどのように
変遷したのか、電子図書館事業にルーツを持つと考えられる現時点にお
ける主要なサービスに限定して見ておくことにしたい。

■国立国会図書館デジタルコレクション（NDL デジタルコレクション）
https://dl.ndl.go.jp/
　WARP（インターネット資料収集保存事業）によるウェブサイトの収
集を除いて、NDL の電子化資料および収集した電子情報のデジタルアー
カイブとその利用提供は、「NDL デジタルコレクション」に集約されて
いるといってよかろう。2011（平成 23）年 4 月に大規模デジタル化の
成果を提供する「国立国会図書館デジタル化資料」という名称で公開。
その際、NDL の最初の一次画像サービスとして 2000 年に公開された「貴
重書画像データベース」（第 4 章（5））もこのサービスに統合された。

大規模デジタル化資料のほかにも、歴史的音源（1950 年までに製作された SP レコード等の音盤をデジタル化したもの）等の各種のデジタル化資料を次々に収録、さらに「電子書籍・電子雑誌」とカテゴライズされる「インターネット資料」および「オンライン資料」の収集制度化に伴って収集した電子情報も収録することになった [注7]。2014（平成 26）年 1 月、デジタル化資料の図書館送信サービスを開始した時点で「NDL デジタルコレクション」に改称した（図 33）。

　2002（平成 14）年 10 月の公開以来、NDL の電子図書館サービスの基幹であった「近代デジタルライブラリー」（第 5 章（6））は、2012 年にシステム機能としては「NDL デジタルコレクション」に統合されたものの、インターネット公開の資料をサービスするシステムとして存続した。国際子ども図書館の「児童書デジタルライブラリー」（第 5 章

（図 33）国立国会図書館デジタルコレクション
（トップページの一部）
https://dl.ndl.go.jp/
（2023.3.5 採取）

（図34）「近代デジタルライブラリー」終了時（2016年5月）のトップ
ページの一部
WARP保存ページ（2016.5.3）
https://warp.da.ndl.go.jp/info:ndljp/pid/9983010
NDLウェブサイト，近代デジタルライブラリーへのリンク

（8））も2011年2月に統合している。しかし、2016（平成28）年5
月にサービスを終え、「NDLデジタルコレクション」に吸収された。関
西館電子図書館課では、従来のフローに従って大正期さらに昭和前期刊
行図書の著作権処理を進めており、2016年の終了の時点で、"近デジ"
は約35万点のデジタル化資料を収録していた（図34）。

■インターネット資料収集保存事業（WARP）
https://warp.da.ndl.go.jp/
2002（平成14）年に「インターネット資源選択的蓄積実験事業」と

してスタートした WARP（第 5 章（7））は、2010（平成 22）年 4 月
に施行された国立国会図書館法第 25 条の 3 に基づくインターネット資
料および許諾を得た機関のウェブサイトのウェブ・アーカイビングを継
続している。国の機関については毎月、地方公共団体などその他の機関
については 4 半期ごとにサイトを収集しており、飛躍的に容量が増加、
2017（平成 29）年時点で総容量は 1PB（ペタバイト）に達した。2022（令
和 4）年度末の段階では、収集タイトル数は約 1 万 4100 件、総容量は
2.76PB である（WARP の統計ページより）。本書でも WARP の保存情
報を多用しているように、政府機関の変遷や過去の施策を調べるために
は、なくてはならないアーカイブとなっている（図 35）。
　また、2008（平成 20）年に NDL が「国際インターネット保存コン
ソーシアム（International Internet Preservation Consortium: IIPC）」
に正式加盟したことは、技術的な側面や国際協力の面で大きかったと言

（図 35）国立国会図書館インターネット資料収集保存事業（WARP）
トップページの一部
　https://warp.da.ndl.go.jp/
　（2023.3.5 採取）

える。IIPC はインターネット・アーカイブ（第5章（4）参照）やウェブ・アーカイブを実施している各国の国立図書館をメンバーとして 2003 年に結成され、ウェブ収集ロボットなどの標準技術の開発にあたってきた。WARP は、データ容量の増加を抑えるため、変更があったウェブページのみを保存する「差分収集」の技術も取り入れている。

　一方で、WARP とともに 2002 年 11 月に公開された「国立国会図書館データベース・ナビゲーション・サービス（Dnavi)」は、2014（平成 26）年 3 月でサービスを終了した。

■国立国会図書館サーチ（NDL サーチ）　https://iss.ndl.go.jp/

　「中期計画」に基づき、デジタルアーカイブのポータル機能を備え、2007（平成 19）年に公開された「PORTA」（第6章（4））は、2012 年 1 月に公開された「国立国会図書館サーチ」（NDL サーチ）に移行した。その際、第3章（7）で述べたパイロット電子図書館の実験を出発点とする「国立国会図書館総合目録ネットワーク」は、システム機能としては「NDL サーチ」に統合された。総合目録に参加するデータ提供館から提供されたデータを同定して登録し、書誌情報のもとに所蔵館を表示することができる。さらに「全国新聞総合目録」、国際子ども図書館の「児童書総合目録」（第5章（8））といったこれまで NDL で個別に維持されていた総合目録も統合の対象となった。

　「NDL サーチ」は 2010(平成 22)年 8 月に開発版として試験公開され、次々に連携先や機能を追加し、多様な API の提供によって外部からも活用しやすい検索システムとして注目されるサービスとなった。国立情報学研究所（NII）の CiNii や IRDB（機関リポジトリの統合検索システム）、科学技術振興機構（JST）の J-STAGE といった日本の代表的な情報提供のプラットホーム、各地のデジタルアーカイブ、さらに出版情報登録センター（JPRO）の新刊情報等を統合検索の対象とし、2021（令

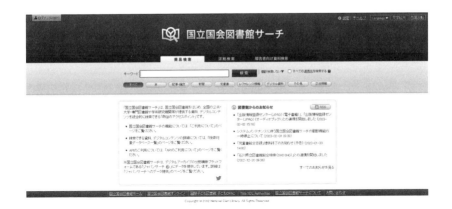

（図 36）国立国会図書館サーチ
トップページ
https://iss.ndl.go.jp/
（2023.3.5 採取）

和 3）年度末の段階では、125 種類のデータベース、約 1 億 2500 万件のメタデータが検索対象となっている（図 36）。

　蔵書の検索および資料提供の窓口として、2002 年 10 月に公開された「国立国会図書館蔵書検索・申込システム（NDL-OPAC）」が、NDLのサービスの要にあったことは言うまでもない。しかし、長尾館長時代に開発・公開され、NDL の蔵書に限定せず検索対象を拡張し、一次情報の利用にもつなぐ「NDL サーチ」も新たなサービス窓口としての位置づけを確実にし、組織を問わない拡がりを見出すことになった。その一つが本章（4）で述べる「ジャパンサーチ（Japan Search）」である。なお、NDL-OPAC も 2018（平成 30）年 1 月に「国立国会図書館オンライン（NDL オンライン）」（https://ndlonline.ndl.go.jp/）に移行し、資料デジタル化の進展とともに「NDL デジタルコレクション」のデジタル化資料の利用へと導くハイブリッド的な性格を強めていると言ってよいだろう。

　また、2013（平成25）年3月に正式公開された「国立国会図書館東日本大震災アーカイブ（ひなぎく）」(https://kn.ndl.go.jp/) は、震災関連の記録やデジタルアーカイブを持つ機関と連携し、文書資料、写真、音声、動画等、多様な震災記録にアクセスするためのポータルサイトとして運営されている。2022年度末時点では、連携先は51機関57アーカイブ、検索対象のメタデータは約489万件に達している。連携先のアーカイブの閉鎖により、「ひなぎく」がそのコンテンツを承継するケースも生じている。

■その他

　「電子展示会」(https://www.ndl.go.jp/jp/d_exhibitions/) については、NDLの電子図書館の黎明期に協力事業として作成され、1998（平成10）年に公開された「ディジタル貴重書展」はリニューアルされ、現在でもNDLウェブサイトで公開されている。開催される企画展示会にちなむなどして、毎年新たに公開される電子展示会は、2022年段階では26テーマに達し、NDLの豊富な蔵書と資料に対する知識の蓄積による特徴あるサービスとなっていると言えよう。初期のコンテンツもリニューアルされ、内容も拡充されているケースが多い。

　国会関連情報についても少し触れておくと、1999（平成11）年1月にフルテキストデータベースとしてインターネットで試行公開された「国会会議録検索システム」(https://kokkai.ndl.go.jp/　第4章（5））は、2001（平成13）年4月に第1回国会（1947年5月）からの本会議および委員会の会議録の遡及を完了し、すべての会期を収録している。さらに2005（平成17）年から「帝国議会会議録検索システム」(https://teikokugikai-i.ndl.go.jp/) を公開、1890（明治23）年の第1回から1947年3月の第92回までの議事速記録を、画像データで収録している（1945年以降の戦後期分はフルテキストも収録）。

　なお、国立国会図書館法第 8 条で規定されている日本の法律の索引の作成については、「日本法令索引」が毎年冊子で刊行されてきたが、2004（平成 16）年にデータベースによる提供に転換した。「日本法令索引」（https://hourei.ndl.go.jp/）の収録データは、法律の制定・改廃、法案の審議経過等に関する索引情報であるが、「NDL デジタルコレクション」、「国会会議録検索システム」さらに外部の法令データベースやアーカイブ、衆・参の審議経過のサイトにリンクし、本文を確認することができる。NDL だけではなく、これまで各機関で進められてきたデジタル化とインターネットによる情報公開の成果が活用されたシステムであると言えよう。

（3）　オープンデータ

　前項で述べた「NDL サーチ」は、検索結果のデータを多様な方式でダウンロードする機能も備えており、たとえばウェブ上における標準的なメタデータの記述形式である RDF（Resource Description Framework）や、図書館用のフォーマットである MARC 形式等で取り込むことができる。他機関との連携においても、その機関の情報資源を検索し、場合によっては一次情報に導くためのメタデータの入手と取り込みが鍵になる。そのためには、データの開放性を高め、自由な活用を可能にするオープンデータへの取組みが欠かせない。

　第 3 章（6）で述べたように、電子図書館事業が開始される 2000 年当時においては、NDL は「当館作成データベースの提供方針」において、データベースは国有財産であり、データの利用については使用料を徴収すべきとの原則を堅持していた。書誌データそのものの提供については、JAPAN/MARC ファイルの有償頒布が基本と考えられていたことになる。そのため、OPAC 等の検索システムのインターネット公開にあ

たっても、機能を検索と閲覧に限定し、データのダウンロード機能は装
備しなかった。しかし、2007（平成 19）年には『日本全国書誌』の紙
媒体での刊行をとりやめ、ウェブ上で閲覧できる「ホームページ版」に
移行するなど、書誌データの提供の場は確実にネットワーク上に移り、
オープン化への道は徐々に整備されたことになる（第 6 章（6）参照）。

　2008（平成 20）年には「NDL-OPAC」の検索結果からの書誌デー
タのダウンロードがようやく実現し、それまでのデータベース提供方
針は過去のものとなった。また、2009（平成 21）年には NDL が作
成した件名典拠データをインターネット上で検索し、提供する「Web
NDLSH」を公開、2011（平成 23）年には著者名典拠等にも範囲を拡
大した「国立国会図書館典拠データ検索・提供サービス（Web NDL
Authorities）」（https://id.ndl.go.jp/auth/ndla）を公開した。典拠デー
タとは、書誌データ中の個人や団体の名称、さらに主題を示す語彙であ
る件名が統一的に用いられるように、各種の名称や参考情報を登録した
もので、検索の精度を高めるためには欠かせない。NDL の典拠データは、
その蔵書として実在する文献に根拠を持ち、さまざまな情報サービスに
も活用できる信頼性のある語彙の集積と言えるだろう。このサービスは
「NDL サーチ」のシステム基盤上に構築され、RDF でデータを提供し、
ウェブ上で多様な領域のデータを確実に利用できるようにすることを目
指すリンクト・データ（Linked Data）[注8] に対応するシステムとして
注目されることになった。

　国際的な展開としても、2012（平成 24）年 10 月には、世界各国の
図書館をメンバーとする図書館支援団体 OCLC が運営する「ヴァーチャ
ル国際典拠ファイル（Virtual International Authority File: VIAF）」[注
9] に参加して典拠データを提供し、各国の国立図書館等の典拠データの
共有が可能になった。それより前の 2010（平成 22）年には、やはり
OCLC が運営する世界最大の総合目録である WorldCat（https://www.

worldcat.org/）に NDL の書誌データが登録された。また、2011（平成 23）年 12 月には、ウェブサイトに掲載されていたリスト形式の『日本全国書誌』ホームページ版も終刊し、「NDL-OPAC」や「NDL サーチ」から期間を指定することで全国書誌データをダウンロードする方式に変更された。このような書誌情報関連の動きは、NDL のサイトに定期的に掲載されていた『NDL 書誌情報ニュースレター』[注 10] で追うことができる。

　政府では、2012 年 7 月に IT 統合戦略本部が「電子行政オープンデータ戦略」を策定し、公共的なデータの公開と二次利用の推進を掲げ、各種の指針が策定された。背景として、東日本大震災に直面し、迅速な政府情報の提供と活用が求められたことも大きい。政府機関のみならず地方公共団体の保有するデータ、さらに民間のデータまでその範囲は拡大され、2016（平成 28）年 12 月には官民データ活用推進基本法が制定されている [注 11]。また 2018 年 5 月の著作権法改正（本章（5）参照）では、データのコンピュータ処理に関する権利制限規定に関する改正が行われ、自由に利用できるオープンデータと著作性のあるデータを組み合わせ、サービスを展開できるような環境整備も行われている。

　そして、2019（平成 31）年 4 月 1 日から、NDL の書誌データや典拠データが営利・非営利を問わず自由に利用できることが NDL のウェブサイトで報知された。2022（令和 4）年 2 月には、JAPAN/MARC の書誌データ全件の提供も開始され、最新データは週次で NDL のウェブサイトからダウンロードすることができる [注 12]。

　NDL の書誌データのオープン化への流れは、書誌データの作成・提供の担い手である各国の国立図書館において、従来の図書館の目録のあり方が時代遅れになるとの危機意識が高まり、ウェブ上で自由に利用されるデータの提供方法と形式を備えるべきであるとの共通認識が形成されていたことに起因するところが大きい。そして、国の施策としての

オープンデータ推進と流れを一つにすることになったと考えてよいだろう。2019年のオープンデータ化の実現は、書誌情報の共有を理念として、NDLが創設時から追い求めてきた書誌コントロールの一つの到達点であると言えよう。

（4）　ジャパンサーチ（Japan Search）

　国の施策としてのデジタルアーカイブもまた動き出していた。内閣に設置された「知的財産戦略本部」によって毎年策定され、推進される「知的財産推進計画」（以下、知財推進計画）は、これまでのNDLの電子図書館事業にも深い関わりを持っていた。第7章（2）で述べた「知財推進計画2007」および「同2008」は、2009（平成21）年の著作権法改正をもたらし、NDLの蔵書の大規模デジタル化を実現することになった。

　その後の「同2011」には、NDLのデジタル化資料の公立図書館での閲覧のためのルール形成の支援、電子書籍の電子納本制度の検討等が、施策として挙げられている。また「同2012」には、デジタル化資料の公立図書館配信などの著作権法上の措置ならびに家庭等への配信の著作権処理のための課題整理、東日本大震災アーカイブのデータのためのポータルサイトの構築等が挙がっている。立法府に属するNDLは、担当府省にはあたらないものの、2011（平成23）年12月の「電子書籍の流通と利用に関する検討会議」の報告（第7章（6）参照）、ならびに当時の長尾館長のもとで推進されたNDLの事業や構想に関連する項目が盛り込まれたことになる。なお、長尾館長退任後の「同2013」では、著作権者不明の著作の複製のための文化庁長官裁定制度の簡素化・迅速化が挙げられ、裁定手続きの簡素化や2018年の著作権法第67条の改正につながった。

　そして「同 2014」では、「アーカイブの利活用に向けた整備の加速化」
の中で、NDL によるデジタルアーカイブ化やその利活用の促進が、関
係府省と連携しつつ継続されることへの期待が書き込まれ、「同 2015」
で、デジタルアーカイブの分野横断的なポータルサイトの整備への取組
みが具体性を持って明示されたことになる。日本のアーカイブの担い手
を分野ごとの束ね役（アグリゲータ）がとりまとめ、デジタルアーカイ
ブの構築を推進していく考え方が基本であり、まずは NDL サーチと文
化財分野の「文化遺産オンライン」とのメタデータの連携を早期に行う
とした。同時に書籍、文化財、メディア芸術、放送コンテンツの各分野
の取組みの推進策もとりまとめられている。NDL は立法府の機関であ
るが、アーカイブ化は国全体で取り組むものであるとの理由で、担当機
関として記載されることになった。
　2015（平成 27）年 9 月には、「デジタルアーカイブの連携に関する
関係省庁等連絡会・実務者協議会」が知的財産戦略推進事務局を事務
局として設置され、報告書やガイドラインをとりまとめた。2017（平
成 29）年 9 月には「デジタルアーカイブジャパン推進委員会及び実
務者検討委員会」に引き継がれている。「知財推進計画 2017」には、
NDL が統合ポータルである「ジャパンサーチ（仮称）」を構築する担
当として明記され、2019（平成 31）年 2 月に「ジャパンサーチ（試験版）」
が公開され、2020（令和 2）年 8 月に正式版 (次ページ図 37) が公開され
るに至った [注 13]。
　一連の動きの中で、「アーカイブ機関」、各分野の「つなぎ役（アグリ
ゲータ）」、「統合ポータル」の三つの層から成る国のデジタルアーカイ
ブを推進するモデルが形成されたことは画期的であり、文化的な資源の
共有のみならず教育、観光、地方創生など多様な分野での利活用に役立
てることが意図されている。
　統合ポータルである「ジャパンサーチ」(https://jpsearch.go.jp/) は、

（図 37）ジャパンサーチ＝ JAPAN SEARCH
トップページの一部
https://jpsearch.go.jp/
（2023.3.5 採取）

連携する機関が登録したメタデータを集積し、各種の検索機能を備え、各機関のデータベースのコンテンツにナビゲートするサービスである。メタデータの集約のためにも「つなぎ役」の存在が大きい。「NDL サーチ」は、書籍等分野の「つなぎ役」と位置づけられている。登録されたメタデータは、利活用のためのフォーマットに変換され、リンクト・オープン・データ（Linked Open Data）として自由に利用できる形で提供される。また、コンテンツ自体の二次利用の条件を明示することで、その利活用やオープン化をはかっていることにも特徴がある。インタフェースとしては、特定のテーマで編集されたギャラリー、サムネイル画像を使った類似画像の検索機能等も備えている。2023（令和 5）年 4 月段階では、約 200 のデータベースと連携し、3 千万件近くのデータを収録している。

　2021（令和 3）年 9 月には「ジャパンサーチ戦略方針 2021-2025「デジタルアーカイブを日常にする」」を策定し、デジタルアーカイブが社

会を変える三つの価値として「記録・記憶の継承と再構築」、「コミュニティを支える共通知識基盤」、「新たな社会ネットワークの形成」を挙げ、「ジャパンサーチ」の四つのアクションをとりまとめている。2004（平成 16）年の「中期計画」でうたわれた「国内外の多様な利用者層の需要に応じ、日本のデジタル情報全体へのナビゲーションの総合サイトを構築する」という計画は、こうして大きな枠組みで実現し、今後その役割を強めていくことが求められている。

（5）　著作権法をめぐる動きと“コロナ禍”

　データの利活用を目指し、「知財推進計画」にも盛り込まれた著作権関係の整備は進み、2018（平成 30）年 5 月には四つの柱からなる著作権法改正が行われた。

　文化庁ウェブサイトに掲載されている「著作権法の一部を改正する法律(平成 30 年法律第 30 号)」の説明資料によれば、一つは「デジタル・ネットワーク化の進展に対応した柔軟な権利制限規定の整備」であり、コンピュータが著作物を含むデータを処理する場合、許諾なく利用できる範囲が大幅に緩和された。従来は、たとえばキャッシュのための複製等に限定されていたデータの利用が、著作者等の権利を不当に害さない限りは可能との包括的な規定に改正され、さまざまな社会活動において生み出されている膨大なデータ“ビッグ・データ”を、よりイノベーションに活用するねらいがある。2 点目は教育の情報化への対応であり、オンライン授業における教材の公衆送信の補償金の集中管理が導入されることになった。3 点目は障害者のアクセス機会充実のための対象範囲の拡大、4 点目が「アーカイブの利活用促進に関する権利制限規定の整備等」である。

　アーカイブの利活用については、インターネットにおける美術・写真

の著作物のサムネイル画像の提供を可能にしたこと、第 67 条の著作権者不明の著作物の文化庁長官裁定処理について、国や地方公共団体等については、事前の供託を求めないこと、そしてこれまで国内の図書館等に限定されていた NDL のデジタル化資料（絶版等入手困難なもの）の配信を海外の図書館にまで広げたことの三つの改正が行われた。

　一方で、2018 年 12 月 30 日に TPP11 協定（環太平洋パートナーシップに関する包括的及び先進的な協定）が発効したことに伴い、著作権法は改正され、著作権の保護期間は、著作者の死後 50 年から死後 70 年に延長された [注 14]。すでに保護期間の切れた著作物に対して保護期間が復活することはないが、20 年の延長によって NDL のデジタル化資料のインターネット公開は足踏みを避けられないことになった。

　新型コロナウィルス感染症の流行は、デジタルアーカイブへの環境整備が制度的にも進みつつあったその時点に勃発したことになる。2020（令和 2）年の年明けから新型のウィルスの世界的な流行への懸念の声が聞こえ始め、同 2 月には日本においてもその影響が深刻化した。政府は 3 月 2 日から春休み明けまで小・中・高等学校の休校を決定、さらなる感染の拡大に伴い、4 月 7 日には 7 都道府県に緊急事態宣言を発令、同 16 日には全国へ宣言を拡大した。移動の自粛、施設利用制限等が要請される未曾有の状況のもとで、図書館も休館を余儀なくされることになった。

　NDL の「カレント・アウェアネス・ポータル」は、2020 年 2 月 28 日から都道府県立および政令指定都市立図書館と NDL の状況をウェブサイトの情報から調査して報知したが、当初のイベント中止から臨時休館へと踏み出す館が急速に増加し、3 月 5 日時点で NDL の東京本館と国際子ども図書館も臨時休館となった [注 15]。

　4 月 8 〜 9 日に「カーリル」が全国の公共図書館等のウェブサイトで

行った調査では、調査対象の 46%（650 館）が休館 [注16]、この調査は
saveMLAK によって引き継がれ、同 16 日には 57%、5 月 6 日の調査
では 92% にのぼる図書館が休館していたことが公表されている [注17]。
5 月 14 日から 25 日にかけて全国の緊急事態宣言は順次解除され、図
書館も次々にサービスを再開したが、その後も 2021（令和 3）年 9 月
30 日の解除まで 4 回にわたって緊急事態宣言が発令されるなど、新型
コロナ流行の波は収束に向かうどころではなかった。

　学校の休校、外出自粛等などの社会生活の困難さが続く中、人々が知
識や情報を求める活動の基盤である図書館が休館する痛手は大きかっ
た。図書館側も郵送や宅配サービスによる貸出、ウェブサイトや SNS
による情報提供などの非来館型の方法を工夫し、中でも電子リソースの
有用性への認識がさらに高まることになった。大学図書館では学外から
の契約コンテンツへのアクセスを拡充、公共図書館における電子図書館
サービス（＝電子書籍貸出サービス）の導入館は、2020 年当初の約 90
館から 2021 年 10 月には約 250 館と著しい伸びを示すことになった(電
子出版制作・流通協議会の調査)。また、JLA による読み聞かせ等の配
信のための公衆送信権の時限的制限への依頼、研究者による図書館休館
時の支援策に関する要望活動等の動きもあった [注18]。

　国による図書館の著作権の権利制限に関する検討も開始された。「知
財推進計画 2020」は 2020 年 5 月 27 日付で決定され、「デジタル・アー
カイブ社会の実現」と題する項には、「絶版等により入手困難な資料を
はじめ、図書館等が保有する資料へのアクセスを容易化するため、図書
館等に関する権利制限規定をデジタル化・ネットワーク化に対応したも
のとすること」(p.68) が文部科学省の短・中期的課題に加えられ、工
程表（項番 127）には 2020 年度早期に文化審議会での検討を開始し、
法案の提出等の措置を講じることが盛り込まれた。

　7 月には文化審議会著作権分科会法制度小委員会で論点の整理が行わ

れ、新型コロナ流行によりインターネットによる図書館資料へのアクセスのニーズが顕在化したとして、「絶版等資料へのアクセスの容易化」（著作権法第31条第3項関係）に加え、「図書館資料の送信サービスについて」（著作権法第31条第1項第1号関係）およびその他関連する課題を検討課題とした。

「絶版等資料へのアクセスの容易化」は、NDLのデジタル化された絶版等資料が図書館への送信に留まっており、コロナ禍によって図書館が利用できない場合にはアクセスが困難になるため、各家庭等にもインターネット送信できないかが課題とされた。また、「図書館資料の送信サービス」については、調査研究のため、著作物の一部分、1人に1部という条件で認められている図書館による複写物の提供について、FAXやメールによって送信することはできないか、という課題である。8月に設置された「図書館関係の権利制限規定の在り方に関するワーキングチーム」は同11月に報告書をとりまとめた、

報告書では、絶版等資料については補償金を課すことなく各家庭をも送信先の対象とすること、絶版等資料の範囲についてはNDLおよび出版・権利者との間で議論を行うこと、IDやパスワード等で利用者の管理を行い、送信の形態（ストリーミングか、ダウンロード可か）や複製については法律には盛り込まない形で取り扱いを定めること等が結論づけられた。

また、図書館資料の送信サービスについては、絶版等資料と異なり一般に流通している資料の電子的な送信は権利者の利益に大きな影響を与えるとして、補償金請求権を付与するとした。補償金の徴収・分配は文化庁長官が指定する管理団体が集中して行い、補償金額等についても管理団体が案を作成し、文化審議会に諮るとした。

ワーキンググループの報告を受け、法制度小委員会は「図書館関係の権利制限規定の見直し（デジタル・ネットワーク対応）に関する中間ま

とめ」を 12 月 4 日に公表し、12 月 21 日までパブリック・コメントを
募集した。

　パブリック・コメントには多くの意見が寄せられ、法制度小委員会
は 2021 年 1 月 15 日にそれらの意見を踏まえた報告書をとりまとめた
[注19]。そして、「図書館等が著作物等の公衆送信等を行うことができる
ようにするための規定を整備する」（法案の提案理由より）ための著作
権法改正法案が同 3 月 5 日に国会に提出され、5 月 18 日に衆議院、同
26 日に参議院で可決され成立、6 月 2 日に令和 3 年法律 52 号として
公布された。絶版等資料に関する改正の施行日は 2022 年 1 月 1 日で
あるが、図書館等の公衆送信に関する規定については、公布の日から 2
年を超えない範囲で施行されることになった。

（6）　2021 年の著作権法改正

　こうして、2012（平成 24）年の段階で中長期的課題とされた NDL
のデジタル化資料の「各家庭等への配信」は 2021（令和 3）年の著作
権法改正において実現することになった。2022（令和 4）年 1 月に著
作権法に追加された規定は、第 31 条第 4 項から第 7 項の 4 項である（た
だし、2023（令和 5）年 6 月 1 日に、特定図書館等の公衆送信に関す
る規定が施行されたため、第 31 条第 8 項〜第 11 項に繰下げ [注20]）。
　第 8 項（旧第 4 項。以下、2023 年 6 月時点の項番を示す）では、
NDL が「特定絶版等資料」（第 10 項で規定）に該当するデジタル化資
料を、自動公衆送信できることを定めた。つまりインターネットに接続
している利用者に直接送信できる。ただし、電子的な複製の防止や抑止
の措置を講じるものとし、提供は事前登録者（氏名や連絡先を事前に登
録している者）に限定するとしている。また、防止や抑止の措置、事前
登録者の登録情報については文部科学省令で定めることになっている。

第9項では、自動公衆送信したデジタル化資料の利用者の私的利用のための複製（プリントアウト）、非営利による「公の伝達」（ディスプレイ装置などによる表示。ただしその大きさに限定あり）を認めている。第10項では、「特定絶版等資料」は、絶版等資料のうち、3月以内になんらかの形で刊行したり公表したりするとの申出がなされたものを除外した範囲を指すこと、第11項ではその申出を館長に対して行わなければならないことを規定している。

　また、図書館資料の送信サービスについては、第31条に新たに4項（第2項～第5項）を追加し、特定図書館等（規定された要件を備える図書館等）は登録した利用者に対し、基本的には公表された著作物の一部分について、公衆送信のための複製、さらに公衆送信を行うことができるとし、その場合は相当の額の補償金を著作権者に支払わなければならないと規定している。そして「図書館等公衆送信補償金」（第104条の10の2～8）の規定を新設し、そのために設置する指定管理団体について、その団体による補償金額の額の決定等を含む運営について定めている。

　NDLは、著作権法改正の公布により文化庁と共同で、権利者団体、出版団体、有識者等をメンバーとする「国立国会図書館による入手困難資料の個人送信に関する関係者協議会」を設置、「国立国会図書館のデジタル化資料の個人送信に関する合意文書」（2021年12月3日）をとりまとめた。合意事項として、送信対象となるのは図書館送信において合意された資料の範囲であること、デジタル方式による複製の抑止の技術的手段が装備されるまでは閲覧に限定したストリーミング送信を行うこと（技術的手段の実装は2023年1月）、対象利用者はNDLの登録利用者とすること等である。

　2022（令和4）年5月19日、「NDLデジタルコレクション」から「個人向けデジタル化資料送信サービス」が開始された。これにより、イ

ンターネット公開されている 56 万点に加え、これまで図書館に限定し
て送信されていた 150 万件以上のデジタル化資料が、登録利用者の個
人も利用できるようになった。入手可能性調査や除外手続きによって
NDL の館内で限定公開されている資料は約 56 万点である [注21]。これ
までは NDL、あるいは送信サービスの対象となっている図書館に出向
かないと利用することができなかった膨大な量の蔵書が、どこからでも
インターネットで直接閲覧できる意味は計り知れず大きい。NDL の利
用サービス全体にも大きな変化が予想される。

　一方で、図書館資料の送信サービスについては、文献提供サービスに
おいて、たとえば複写申込みがあった文献のコピーをファックスで送信
できないかとの検討は古くからあった。第 3 章（2）で述べた 80 年代
末から 90 年代初頭にかけての NDL の関西館構想では、文献の「フル
テキスト伝送」が実現すべき機能の一つとして構想されていた。確かに
NDL のインターネット経由の遠隔複写サービスは関西館開館時に大き
く進展したが、結局その提供は郵送複写に限定されてきた。80 年代の
構想が、ここに来て実現する条件が示されたと言えよう。ただし、著作
権法の改正によって補償金制度や指定管理団体による一括処理の仕組み
が可能になることは、図書館界、権利団体、出版業界全体でその枠組み
の設計が必要であることを意味している。

　2021（令和 3）年 7 月に策定された「知財推進計画 2021」には、「図
書館関係の権利制限規定の見直しに関する著作権法改正を踏まえ、詳細
な運用に関する当事者間協議やガイドラインの作成など、円滑な施行に
向けた準備を着実に進める」ことが盛り込まれ、文部科学省と NDL が
その担当として挙げられた。同年 9 月には「図書館等公衆送信サービ
スに関する関係者協議会」が日本書籍出版協会および日本雑誌協会の呼
びかけにより設置され、関係各機関をメンバーとし、補償金の在り方、
ガイドラインの策定等により協議を開始した。その検討の経過は、JLA

の著作権委員会のサイトで見ることができる。2022（令和4）年9月には、補償金額の決定、徴収、分配等の運営を行う「一般社団法人図書館等公衆送信補償金管理協会（SARLIB）」が設立され、文化庁の指定を受け、2023（令和5）年6月1日の施行に向けて準備が進められた。

　2021（令和3）年6月の著作権法改正の前月、5月24日に、長尾真元NDL館長が84歳で死去した。慶應義塾大学名誉教授の糸賀雅児氏は、『図書館雑誌』Vol.115, No.7（2021年7月号）p.422-423に寄せた「長尾真先生の逝去と著作権法の改正」と題する追悼文において、著作権法改正により、NDLの絶版等入手困難なデジタル化資料、そして公共図書館や大学図書館も自館の蔵書の一部のデータを利用者に直接送信できるようになることは、長尾が描いた「長尾構想」のモデルに近づくことになる、と述べている。

　確かに、当時は当惑をもって受けとめられることも多かった「長尾構想」という大きな絵の中のピースが、いくつかはめ込まれたと言えるかもしれない。これからピースがつながり、どのような絵が描かれるのか注目されるところである。

（7）　NDLのデジタルシフト

　2021（平成3）年4月、NDLは「国立国会図書館ビジョン2021-2025―国立国会図書館のデジタルシフト」を公表した。「NDL月報」No.720（2021年4月）のビジョンの紹介記事と吉永館長以下の座談会、ならびに『図書館雑誌』2021年11月の特集「国立国会図書館のデジタルシフト」（以下、特集）の記事のいくつかを参考に、その概要をなぞることにしたい [注22]。

　特集の冒頭記事において当時の副館長の田中久徳は、このビジョンで、「社会のデジタル変革に必要とされる情報インフラの形成にNDLが積

ユニバーサルアクセスの実現	国のデジタル情報基盤の拡充
①　国会サービスの充実	①　資料デジタル化の加速
②　インターネット提供資料の拡充	②　デジタル資料の収集と長期保存
③　読書バリアフリーの推進	③　デジタルアーカイブの推進と利活用
④　「知りたい」を支援する情報発信	

極的役割を果たすこと、また、それによってNDLの機能強化を実現することの2点を目標として、デジタルシフト推進を明確に打ち出すことにした」と述べている。そして七つの重点事業を上表の二つのグループにまとめている。

「国のデジタル情報基盤の拡充」の「①資料デジタル化の加速」では、「デジタルで全ての国内出版物が読める未来を目指し」、5年間で100万冊以上の資料をデジタル化すること、またOCRによる本文のテキストデータ化も行い、検索等の基盤データにすることを実現するとしている。②では、2012年に開始したオンライン資料の制度的収集においては対象外としていた民間の有償の電子書籍や電子雑誌の収集、またデジタル化の進展やデジタル資料の収集への対応として欠かせない電子情報の長期保存の多面的な取組み、そして③では「ジャパンサーチ」を通じたデータのオープン化や活用の促進を図るとしている。

「ユニバーサルアクセスの実現」では、①の国会サービスへのデジタル情報基盤の活用、②では2021年の著作権法改正に伴う絶版等入手困難資料の個人への送信拡大と著作権調査の加速によるインターネット提供の拡大、③では学術文献のテキストデータの作成の実施や製作支援、④には専門知識を活かした「資料・情報のキュレーション」という表現で、情報発信型レファレンスの強化が目指されている。

　特集の他の記事では、テーマごとに具体的な計画が述べられており、2021 年前半ですでにかなりの進捗があったことがわかる。これまで見てきたように、資料デジタル化とオンライン資料の収集に絞って少し内容を見てみよう。また、わかる範囲で 2022 年から 23 年にかけての動きも追ってみたい。

■資料デジタル化の進展

　2021 年 1 月に成立した 2020 年度補正予算(第 3 号)で、デジタルアーカイブ整備の経費として、約 60 億円が認められた。これは、2009 年度補正予算の大規模デジタル化経費約 127 億円に次ぐ大きな額である。もっとも 2009 年以降も、通常予算の中で毎年度 1 億〜 2.5 億円規模のデジタル化は実施されていた。

　NDL は 2021 年 3 月に「資料デジタル化基本計画 2021-2025」[注23]を策定し、対象資料選定のための評価基準、対象範囲等を定め、この期間内では、図書は 2000（平成 12）年までに刊行されたもの（官庁出版物はそれ以降も含む）、雑誌については刊行後 5 年以上経過したもので学協会等からのデジタル化の要望があるものを優先するとした。2020 年度補正予算では 1969（昭和 44）年から 1987（昭和 62）年までに刊行された図書のうち約半数がデジタル化できるとしている。

　また、基本計画では、デジタル化した画像データに対し本文のテキストデータを作成することが打ち出され、出版者、著作（権）者の理解を得ながら利活用を進めるとした。記事においては、すでに「NDL デジタルコレクション」で提供している画像全点（古典籍を除く）について OCR によるテキストデータ化を作成中であり、機械学習を用いた OCR 処理プログラムも開発中であることが述べられている。NDL の「次世代ラボ」[注24]には、2021 年度に開発したオープンソースの日本語 OCR 処理プログラム、著作権保護期間満了の資料から作成したデータ

セット等が公開されている。

　一方で、膨大なデジタル情報が蓄積されればされるほど、その長期保存への対応が課題になる。紙資料の保存もさまざまな危機に直面してきたが、電子情報は格納媒体や再生機器・ソフトウェアの旧式化等、長期的な利用を保証するための技術的課題が山積している。NDL は、2002年の電子図書館課発足当時から、電子情報の保存を調査研究のテーマとしてきた。2021 年 3 月、資料デジタル化の基本計画と同時に電子情報の長期保存に関する計画 [注25] も策定された。計画では、デジタル資料を「パッケージ系電子出版物」、「インターネット資料・オンライン資料」、「デジタル化資料等」の三つに区分し、判断基準に照らして「パッケージ系」の保存対策を優先し、媒体変換やファイルフォーマットの変換を行う「マイグレーション」を実施するとしている。

　組織的には 2021 年 4 月に電子情報部に「資料デジタル化推進室」が設置され、デジタル化の計画から実施、保存までを集約する体制となった。NDL ウェブサイトで公表されている予算資料を見る限り、デジタルアーカイブ構築経費として、2021 年度補正予算（21 年 11 月成立）では約 47 億 5 千万円、2022 年度第 2 号補正予算（22 年 12 月成立）では約 53 億 7 千万円が認められており、計画は大きく進展していると見られる。

■オンライン資料の収集制度化―収集対象の拡大

　本章（1）で見たように、2012（平成 24）年 6 月の国立国会図書館法改正により、2013（平成 25）年 7 月 1 日から NDL は民間のオンライン資料の制度による収集を開始した。収集対象は、当面無償で DRM 無しのものに絞られ、2012 年 3 月の納本制度審議会の「中間答申」（第 7 章（5）参照）で、さらに検討を要するとされた有償または DRM 付きのオンライン資料の収集については、実証実験や審議会に設置された

「オンライン資料の補償に関する小委員会」による調査審議が継続され
ていたことになる。その間、実際に収集されたオンライン資料（無償で
DRM 無し）は約 9 万点（2020 年度末）であった。

　そして、2021（令和 3）年 3 月 25 日、2011（平成 23）年 11 月の
館長からの諮問「オンライン資料の制度的収集を行うに当たって補償す
べき費用の内容について」に対する本答申[注26]がついに示されるに至っ
た。

　答申の内容は、DRM 付きで流通するものは DRM を付されていない
状態のファイルを収集対象とすること、有償のものであってもファイル
の納入や DRM の解除に伴う補償は要しないこと、閲覧は NDL 施設内
に限定し、同時アクセス不可とすること等であり、これですべての区分
のオンライン資料が収集対象として位置づけられたことになる。ただ
し、ファイル形式等については従来の収集範囲を踏襲することになって
いる。また、継続的に公衆に利用可能とされているデジタルアーカイブ、
たとえば学術機関の機関リポジトリのコンテンツは収集除外となり得る
が、民間の営利的なリポジトリについては、除外する基準を明確にし、
NDL のシステムからの統合的検索の対象とする等、所在の確認を担保
する必要性についても指摘している。

　2022（令和 4）年 6 月 1 日、「国立国会図書館法の一部を改正する法
律」が公布され、2012 年 6 月の改正法を一部改正し、附則第 2 条に定
められていた有償または DRM 付きオンライン資料の提供の免除の規定
が 2023（令和 5）年 1 月 1 日付で削除された。施行日以降に流通した
ものが納入対象となり、それ以前に流通したオンライン資料はこれまで
どおり収集から除外される。

　NDL は、2023 年 1 月から有償の電子書籍・電子雑誌についても、
制度に基づく収集を開始した。2000（平成 12）年のパッケージ系電子
出版物の納本制度化から始まる電子出版物の収集制度は、さまざまな段

階を経ながらここまで整備されたことになる。ただし、NDL 創設当時
の納本制度が定着には時間が必要だったように、収集が軌道に乗るため
には、まだいくつかの段階があると予想される。

　2022 年 12 月 21 日、「NDL デジタルコレクション」がリニューアル
された。2023 年 3 月の時点で「ログインなしで閲覧可能」、「送信サー
ビスで閲覧可能」、「国立国会図書館内限定」の三つのステータスで収録
されているコレクションは、デジタル化資料約 343 万点、収集した電
子書籍・電子雑誌 148 万点にのぼる。デジタル化資料のうちログイン
なしで閲覧できるインターネット公開資料は 58 万点、登録図書館や個
人の登録利用者への送信サービスで利用できるのは 184 万点にのぼり、
館内限定公開は 101 万点である（表 4 を参照）。電子書籍・電子雑誌も 125
万点がインターネット公開されている。送信サービスで閲覧する資料に
ついても、個人利用に限定して、2023 年 1 月からフットプリント（印
刷時に印刷画像に刷り込まれる制御用文字列）入りの画像のプリントア
ウトが可能になった。
　数量の膨大さだけではなく、新しくなったシステムではテキスト化さ
れた 247 万点の全文検索が可能になり、ヒット箇所が表示され、その
画像を直接閲覧することができるようになった。またジャパンサーチと
同じく手持ちの画像を使って類似の画像を表示できる画像検索機能も取
り入れている。
　長尾館長がその在任期間に強く求めていた本文のテキスト化や、次世
代の図書館システムの開発の成果が盛り込まれたサービスが、ほぼ 10
年を経て姿を現したと言えよう。フルテキスト検索によって、これまで
の書誌データの範囲では捕捉できなかった関連資料を発見できるばかり
でなく、膨大なテキストの集積はさまざまな可能性をもたらすことにな
るだろう。

（表4）　2023（令和5）年3月時点のNDLのデジタル化資料の範囲

	1860	1870	1880	1890	1900	1910	1920	1930	1940	1950	1960	1970	1980	1990	2000	2010
	江戸期以前		明治			大正	昭和前期			昭和戦後						平成

古典籍資料：計9万点（インターネット公開8万点／送信資料2万点）

和図書：1987年までに受け入れた図書 計158万点（インターネット公開36万点／送信資料85万点／館内限定37万点）

和雑誌：刊行後5年以上経過した雑誌 計136万点（インターネット公開2万点／送信資料82万点／館内限定52万点）

博士論文：1988（一部）〜2000年度に受け入れた論文 計16万点（インターネット公開1万点／送信資料14万点／館内限定2万点）　17万

官報：1883〜1952年に発行された官報 インターネット公開2万点

その他：憲政資料1万点（インターネット公開1万点／館内限定0.2万点）、日本占領関係資料8万点（インターネット公開8万点（インターネット公開7点）、プランゲ文庫4万点（送信資料2万点／館内限定3万点）、歴史的音源5万点（インターネット公開0.6万点／館内限定4万点）、その他：録音資料、映像資料、脚本、手稿譜、地図、特殊デジタルコレクション、他機関デジタル資料等

計：343万点（インターネット公開58万点／送信資料184万点／館内限定101万点）

* 表の作成は、NDLウェブサイト（2023年4月時点）の「国立国会図書館デジタルコレクションについて」および
NDLデジタルコレクション「国立国会図書館デジタルコレクションについて」を参考にした。

* 送信資料＝登録図書館・個人向けの送信サービス資料

　現時点の成果を見る限り、「NDL のデジタルシフト」は単なるスローガンではなく、社会の流れに乗じて、これまで蓄えてきた経験と試行錯誤を一挙に形にしようとする勢いを持っている。

　電子化への取組みは、決してなだらかな直線を描いて進行するものではなかった。1990 年代後半の電子図書館の構想自体、インターネット時代の到来に対応しようとする国際的な情報戦略の模索の中から立ち上がり、図書館の情報提供に新たな道を拓くことになった。その後は実績を積み重ねながら、少しずつ地歩を拡げていったが、「Google 問題」に象徴されるような既存の文化への脅威が引き金ともなって、2009 年の著作権法改正、大規模デジタル化をもたらしたと言えよう。そして、東日本大震災という未曽有の災厄がデジタルアーカイブやオープンデータへの認識を高め、さらに新型コロナウィルス感染症の流行が、知識を求め、共有する仕組みの急速な変革を余儀なくしたということになろう。

　社会の知の有り様が変われば、それを預かる図書館ももちろん変わっていくことになる。誰にでも開かれる公共性、そして知の共有と継承が図書館の特質および役割であり、国立図書館はこれらを大きなスケールで体現しながら、社会のバックボーンとしての役割を確実にしていかなければならない。情報・知識の収集・組織化、調査活動などの能力をこれからの時代にどのように高め、還元していけるのか、挑戦はさらに続くことになる。

〈注〉……………………………………………………………………………………

［注 1］「私たちの使命・目標 2012-2016」の 6 つの目標は、「1 国会の活動の補佐」、「2
収集・保存」、「3 情報アクセス」、「4 協力・連携」、「5 東日本大震災アーカイブ」、「6
運営管理」。「私たちの使命・目標 2012-2016」「NDL 月報」(618) 2012.9, p.24-25。

［注 2］「ユニバーサル・アクセス 2020」は、「国会活動の補佐」、「資料・情報の収
集・保存」、「情報資源の利用提供」の 3 つの基本的役割を、「利用環境」、「組織力」、
「連携」、「情報発信」の 4 つの行動指針のもとに遂行するとしている。「新たな国
立国会図書館中期ビジョン」「NDL 月報」(672) 2017.4, p.4-7。

［注 3］国立国会図書館法第 25 条の 4 は、「オンライン資料」を「電子的方法、磁
気的方法その他人の知覚によつては認識することができない方法により記録され
た文字、映像、音又はプログラムであつて、インターネットその他の送信手段に
より公衆に利用可能にされ、又は送信されるもののうち、図書または逐次刊行物
（機密扱いのもの及び書式、ひな形その他簡易なものを除く。）に相当するものと
して館長が定めるものをいう」としている。

［注 4］「国立国会図書館法によるオンライン資料の記録に関する規程」(2013 年 5
月 31 日制定)。2022 年 6 月に改正。

［注 5］2012 年の改正時の著作権法第 31 条第 3 項は「国立国会図書館は、絶版等
に係る著作物について、図書館等において公衆に提示することを目的とする場合
には、前項の規定により記録媒体に記録された当該著作物の複製物を用いて自動
公衆送信を行うことができる。(以下略)」であり、これに伴い第 31 条第 2 項も
改正された。また、2018 年の改正において、「図書館等」は「図書館等又はそれ
に類する外国の施設で政令で定めるもの」に拡げられた。

［注 6］「国立国会図書館のデジタル化資料の図書館等への限定送信に関する合意事
項」(2012 年 12 月 10 日制定)。2021 年 12 月に改正。

［注 7］「インターネット資料」は、ウェブサイトおよびサイト単位で収集された電
子雑誌は WARP、著作物単位（たとえば報告書等、独立した単位で切り出された
もの）の資料は「NDL デジタルコレクション」に収録される。

［注 8］Linked Data は、ウェブ情報の利用の高度化を目指す標準化の流れの中から
提唱されているデータの提供方式。識別子（URI）を用いて、相互にデータをリ
ンクし参照することで信頼性の高いデータ処理を目指す。自由に活用できるよう

に公開されているものは Linked Open Data（LOD：リンクト・オープン・データ）と呼ばれる。

［注 9］「ヴァーチャル国際典拠ファイル（Virtual International Authority File: VIAF）」（https://viaf.org/）は、各国の国立図書館等をメンバーとし、各機関が作成した典拠ファイルをマッチングし、それぞれの典拠レコードを統合的に表示するデータベース。2003 年にコンソーシアムが結成され、30 か国 40 機関が参加、OCLC によって維持管理されている。なお OCLC は米国の図書館ネットワークとして発足し、目録の共同作成を行う書誌ユーティリティとして発展した非営利組織。図書館向けの各種事業を展開し、世界 100 か国以上の図書館がメンバーとなっている。総合目録として WorldCat（https://www.worldcat.org/）をインターネット公開している。

［注 10］NDL 収集書誌部の編集・刊行による電子雑誌『NDL 書誌情報ニュースレター』創刊準備号（2007.5）– 56 号（2021.3）（年 4 回刊）は、2021 年に終刊したが、NDL ウェブサイトの「書誌情報の作成および提供」および NDL デジタルコレクションで公開されている。

［注 11］オープンデータ戦略関係の活動は、第 6 章［注 3］と同じく内閣官房ウェブサイトの「高度情報通信ネットワーク社会推進本部（IT 戦略本部）」のページで確認できたが、2023 年時点で掲載を終了し、WARP の保存ページを参照。

［注 12］NDL ウェブサイト「書誌データの作成および提供」の「書誌データに関するお知らせ」および「書誌データの提供」を参照。

［注 13］Japan Search（ジャパンサーチ）(https://jpsearch.go.jp/)。「ジャパンサーチ」の開発の経緯および概要については、サイト内の「ジャパンサーチの概要」等に掲載されている関係資料を参照。

［注 14］文化庁ウェブサイトの「環太平洋パートナーシップ協定の締結に伴う関係法律の整備に関する法律（平成 28 年法律第 108 号）及び環太平洋パートナーシップ協定の締結に伴う関係法律の整備に関する法律の一部を改正する法律（平成 30 年法律第 70 号）について」

［注 15］カレントアウェアネス -R「新型コロナウィルス感染症による都道府県立図書館・政令指定都市立図書館・国立国会図書館への影響」（2020 年 2 月 28 日〜6 月 8 日）

[注 16]「カーリル」(https://calil.jp/) は全国の図書館を横断検索の対象とし、貸出状況を知ることができる総合目録サービス。カーリルのブログ「COVID19：多くの図書館が閉館しています」は、2020 年 4 月 8 日から 9 日までの約 24 時間、カーリルが検索対象とする全国の公立図書館等 1409 館を調査、休館を発表している図書館は 650 館（46％）だった。

[注 17] SaveMLAK (https://savemlak.jp/wiki/saveMLAK) は、東日本大震災を契機として開設された図書館、博物館、文書館および公民館の被災・救援情報サイト。「Covid19 の影響による図書館動向調査」を 2020 年 4 月 14 日から継続的に実施し、調査データを公表している。

[注 18]『図書館雑誌』では、2020 年（Vol.114）の 9 月号で「コロナ禍における図書館の現在」、11 月号で「新型コロナウィルス流行下における大学図書館の非来館型サービス」等の特集を組み、図書館の取り組みに関する記事を掲載している。

[注 19]「図書館関係の権利制限規定の見直し（デジタル・ネットワーク対応）に関する報告書」文化審議会著作権分科会法制度小委員会，2021.1.15。同小委員会の審議資料および報告書は、文化庁ウェブサイトに掲載。

[注 20] 2021（令和 3）年改正著作権法の 2023（令和 5）年 6 月 1 日の施行により、第 31 条第 2 項〜第 5 項で「特定図書館等」による図書館資料の公衆送信が規定されたため、旧第 2 項（NDL による所蔵資料の電子化）が第 6 項、旧第 3 項（NDL による絶版等資料の図書館等への送信）が第 7 項に繰り下がり、2022 年 1 月施行の旧第 4 項〜第 7 項が第 8 項〜第 11 項に繰り下がった。

[注 21] 藏所和輝「国立国会図書館の「個人向けデジタル化資料送信サービス」の開始について」『図書館雑誌』76（5）2022.5, p.258-260。デジタル化資料の件数は 2022 年 1 月時点。

[注 22]「ビジョン 2021-2025 国立国会図書館のデジタルシフト—情報資源と知的活動をつなぐ 7 つの重点事業」、「座談会デジタルシフトを進めよう」「NDL 月報」(720) 2021.4, p.6-17、『図書館雑誌』115（11）2021.11,「特集　国立国会図書館のデジタルシフト」、ここでは主として、田中久徳「国立国会図書館ビジョン 2021-2025—概要と目的」p.681-683、中川紗央里、村上浩介「国立国会図書館の資料デジタル化の取り組み」p.684-685、佐藤菜緒恵「オンライン資料収集

制度について」p.690-691 を参考にした。また「NDL 月報」(733) 2022.5 の「大
公開！国立国会図書館での資料デジタル化事業」(p.6-15) でも、デジタル化作
業の実際やテキスト化作業について詳しく紹介されている。

［注 23］「資料デジタル化基本計画 2011-2015」(2021 年 3 月 10 日）策定（NDL
　　ウェブサイト「資料の保存」⇒「資料デジタル化について」に掲載)。デジタル化
　　対象資料群は、図書、雑誌のほか古典籍資料、録音・映像資料、博士論文（1990
　　年までに送付を受けたもの)、憲政資料、日本占領関係資料、日系移民関係資料、
　　地図資料、新聞資料が列挙されている。

［注 24］「次世代ラボ」(https://lab.ndl.go.jp/）は 2011 年の電子情報部次世代
　　システム開発研究室の設置を契機にして、2013 年に開設されたウェブサイト。
　　NDL が外部の研究者等と協力して調査研究を行い、その成果を公表している。

［注 25］「国立国会図書館デジタル資料長期保存基本計画 2011-2015」(2021 年 3
　　月 3 日）策定（NDL ウェブサイト「資料の保存⇒電子情報の長期的な保存と利用」
　　に掲載)。

［注 26］「答申　オンライン資料の制度収集を行うに当たって補償すべき費用の内
　　容について」納本制度審議会，2021.3.25。

あとがき

田屋裕之『電子メディアと図書館』（勁草書房 1989 年刊行）所収
「W・F・ランカスターの＜本と図書館の消滅のシナリオ＞」p.103 より

図書館は残る

　あとがきの冒頭に、どのような引用文を置くか迷ったが、第3章で紹介した田屋裕之の著書『電子メディアと図書館』の中から、文章の短い一部分のみを再度引用させてもらうことにした。これも第3章で紹介した訳書『紙からエレクトロニクスへ』で、ペーパーレス化の進行による図書館や図書館員の将来を辛口に描いた原著者ランカスターのシナリオに対し、田屋は、図書館は「ニーズに迅速・的確に対応しているというほどではないにせよ」これまでも変わってきたし、「情報の収集、組織化、加工、蓄積、多様な手段による提供という図書館の基幹部分は紙のメディアからエレクトロニクスに移ろうと変わらない」と記してい

る。今さら引用するまでもないような正論であるが、ここでは意図的に文脈を読み替えて、この言葉を使わせてもらうことにした。

　夢を描いた人々がいずれは去っていくにしても、図書館は残り、更新され続ける、というふうに。

　田屋さんが今でも元気で、望んでいたように本を書いていたら、彼はこの文に何を付け加えただろうか。

　もう一つ、「残る」ということについて感じるところがある。第1章（4）で述べたように、1945年のユネスコ設立にあたって採択された「ユネスコ憲章」は「戦争は人の心の中で生れるものであるから、人の心の中に平和のとりでを築かなければならない。」との前文を掲げ、人類の知的及び精神的連帯の上に平和は築かれるものとした。その方策の一つとして「いずれの国で作成された印刷物及び刊行物でもすべての国の人民が利用できるようにする国際協力の方法を発案すること」を挙げ、その実現は草創期のNDLを導く理念の一つとなっていたと言えよう。

　今日、その方策は実現し、印刷物どころか世界の情報は瞬時のうちに伝わり、どこにいようと膨大な情報を入手し、容易にコミュニケーションすることができる。しかし、それで国家間の相互理解が深まり、平和が築けたかと言えばそうではなく、分断は深まるばかりのように見える。どれだけデジタル化が進んだとしても、AIだけが情報をやりとりしているようなディストピアは思い描きたくない。ユネスコの理念は、第二次大戦後の理想主義として時代遅れの夢になってしまったのだろうか。しかし、はるか以前から、人々の想念を残すことを夢見る図書館が存在したことは確かである。我々の希望は、過去、現在、そしてそこから生成される未来の知恵の中にあるというところに、やはり戻らざるを得ない。そして、図書館が残るということは、世界が残ってこそであることが、これまでよりも切実に感じられる。

　最後に、本書の成り立ちについても記しておきたい。私は、2013（平成25）年3月にNDLを退職後、NDLの先輩の故平野美恵子さんに声をかけていただき、同年4月から立正大学文学部図書館司書課程の特任教授として再就職した。

　立正大の司書課程は2006（平成18）年に設置された比較的新しい課程で、10年目にあたる2015（平成27）年に学部から話があり、『立正大学図書館司書課程年報』を創刊した。毎年度の課程の報告だけでなく、教員の研究成果を掲載することになり、毎年授業が一段落した1月から2月にかけて大車輪で執筆することが慣例になった。テーマを決めるのにも苦労し、分類法など情報資源組織化関係のテーマを選択することが多かったが、2019（平成31）年と2020（令和2）年に刊行した5号と6号に、「「電子図書館」再考（前篇）」および「同（後篇）」を執筆した。

　きっかけとしては、2017（平成29）年から2年間、慶應義塾大学文学部図書館・情報学専攻の非常勤講師を依頼され、半期ずつ国立図書館論を講じたことがある。2019年以降、慶應のカリキュラムの変更で国立図書館をテーマとする科目は残念ながらなくなってしまったが（事実、受講者が10名程度しかいない人気がない科目だった）、この時初めて毎回の授業のために世界や日本の国立図書館の歴史や機能について調べることになり、自分があまりにも無知だったことに驚いた。その時強く感じ、まとめとして学生にも話したのが「やはり電子」ということと、この変化の時代、「国立図書館からは目が離せない」ということだった。

　そして、自分がNDLで経験した「電子図書館」とは何だったのかについて書いてみようと思った。近年は「電子図書館」と言えば、公共図書館の電子書籍サービスを指すことが一般的になったようだが、それだけではなかった、ことを振り返る意味でタイトルに「再考」と入れた。最初に取り掛かったのは、手持ちの「NDL月報」から、電子図書館に

つながると思う記事をリストアップすることだった。2008（平成20）年4月に長尾館長の一声で判型が変わり、広報誌としての性格を強めるまで、「NDL月報」は毎号職員全員に配布されていた。内容も地味で業務報告誌という性格が強く、私もろくに読まなかったが、1975（昭和50）年の入館以降の号が職場の段ボール箱に入れたままになっていて、退職した時も結局処分できず、自宅に持ち帰った。そのため、ほぼ9割がた号がそろっていたことになる。私も折りに触れ、執筆を依頼されていたこともあり、NDLの動きを時系列で追うには適していると考えた。その思惑は当たり、地味な中にも執筆した職員の肉声が伝わってくるような記事の数々に、感銘さえ覚えることが多かった。ただし、2000年代以降を扱った後篇を書く時には、当時の資料の入手は、ほぼネット上で済ませられるように様変わりしていた。それはすなわち、電子図書館事業やさまざまな分野のデジタル化の同時代的な進展を示すものと言えるだろう。

その後、特任教授の任期の満了に伴い、2021（令和3）年度で立正大学を退職することになり、文学部の先生方が退任時に著書を刊行されるのを拝見していたこともあって、私もこれまでの記事をまとめ直し、図書として刊行できないかと野望を抱いた。そのため、司書課程に出講していただきお世話になっていた慶應義塾大学名誉教授の高山正也先生にご相談し、学術系の出版社を紹介いただいた。その際、第1章にあたる部分を執筆して追加したが、結局図書として刊行するには原稿の量が圧倒的に足らず、出版企画にも持ち込めないということで断念せざるを得なかった。当時はコロナ禍を誘因とする著作権法の改正があり、NDLも新しいビジョンを打ち出すといった大きな動きがまさに進行中の時期であり、今から思えば断念して良かった。自分勝手なお願いに対し、快く相談に乗ってくださった高山先生には心から感謝している。

　2021年度末に刊行する「司書課程年報」第8号には、当初「「電子図書館」再考（続篇）」としてそうした新しい動きを書くつもりだったが、NDLも積極的に情報発信を行っている最中で、それをなぞるだけになることにフラストレーションを感じてしまった。結局、年が明けてから方向転換し、慶應の授業のために集めた資料を素材にして、「国立図書館の変容」と題し、近代国立図書館の変遷について執筆することにした。その内容は、本書の第1章、そしてその後書き足した第2章に一部反映されている。

　2022年4月の退職後も立正大で非常勤講師を継続しながら、なんとか図書として刊行できる体裁にできればと執筆を続けているところに、NDLの先輩の児玉史子さんから、宮城県図書館に勤務されていた早坂信子さんが『司書になった本の虫』を郵研社から刊行されたことを教えていただいた。児玉さんは、本書第3章に登場した「国立国会図書館総合目録ネットワーク」が関西館で事業を展開した時の図書館協力課長で、総合目録へのデータ提供に関与していた早坂さんとの親交を続けられていたことになる。郵研社が今後とも図書館関係の図書を出版する意図があることを知り、学術的な出版を目指すよりも、自由に自分の経験や感想を書けたほうがよいのではと、早坂さんを通じて連絡させていただいた。

　2022年の秋から、いざ出版へと動き出したものの、大学の年報に掲載した論文がベースであることもあって、文章や形式に堅苦しさが目立ち、説明不足の部分も多かった。使用する用語をもっと平易に、図なども多用するようにと編集の方から注文があったが、なかなか手が回らず、結果的にわかりやすいものになったかどうかは自信がない。たとえば資料の電子化にしても、ある時点までは「電子化」とし、それ以降は「デジタル化」を多用するなど用語が一定していない。特にネットワーク情報資源については、その時々でさまざまな用語が出現し、混沌とし

た印象を与えるかもしれない。しかし、実際にそのような試行錯誤の中で事業が進められてきたので、統一をとることができなかった。

　出版にあたっては、多くの図についてNDLが公開している画像を使い、転載許可もお願いすることになった。そもそもNDLの職員であった私が、その組織のことについてこのような形で書くことが妥当なことかについてはいろいろ考えた。でも、仕上げなくてはならない宿題のように感じられた。本書の中で書いておきたかった田屋さんや長尾館長の存在だけではなく、NDLは、良き先輩、友人、後輩、キャリア、今でも続いている趣味など、ほとんどすべてのことを私に与えてくれたと言ってよい。そして、その資料やサービスを使って、その歴史について書いている。ただただ感謝しかなく、情報が寄せては返す海のようなその寛容さに、お目こぼしを願うしかないだろう。

　2023年8月

中井 万知子

参考資料

国立国会図書館法（抄）

昭和二十三年二月九日法律第五号

最終改正　令和四年法律第五十七号（令和五年一月一日施行）

　国立国会図書館は、真理がわれらを自由にするという確信に立つて、憲法の誓約する日本の民主化と世界平和とに寄与することを使命として、ここに設立される。

第一章　設立及び目的

第一条　この法律により国立国会図書館を設立し、この法律を国立国会図書館法と称する。

第二条　国立国会図書館は、図書及びその他の図書館資料を蒐集し、国会議員の職務の遂行に資するとともに、行政及び司法の各部門に対し、更に日本国民に対し、この法律に規定する図書館奉仕を提供することを目的とする。

第三条　国立国会図書館は、中央の図書館並びにこの法律に規定されている支部図書館及び今後設立される支部図書館で構成する。

第二章　館長

第四条　国立国会図書館の館長は、一人とする。館長は、両議院の議長が、

両議院の議院運営委員会と協議の後、国会の承認を得て、これを任命する。

② 館長は、職務の執行上過失がない限り在職する。館長は、政治活動を慎み、政治的理由により罷免されることはない。館長は、両議院の議長の共同提議によっては罷免されることがある。

第五条 館長は、図書館事務を統理し、所属職員及び雇傭人の職務執行を監督する。

② 館長は、事前に、時宜によつては事後に、両議院の議院運営委員会の承認を経て図書館管理上必要な諸規程を定める。

③ 前項の規程は公示によつて施行される。

第六条 館長は、毎会計年度の始めに両議院の議長に対し、前会計年度の図書館の経営及び財政状態につき報告する。

第七条 館長は、一年を超えない期間ごとに、前期間中に日本国内で刊行された出版物の目録又は索引を作成し、国民が利用しやすい方法により提供するものとする。

第八条 館長は、出版に適する様式で日本の法律の索引を作るものとする。

第三章　副館長並びにその他の職員及び雇傭人
[第九・十条　略]

第四章　議院運営委員会及び国立国会図書館連絡調整委員会
第十一条 両議院の議院運営委員会は、少くとも六箇月に一回以上これを開会し、図書館の経過に関する館長の報告、図書館の管理上館長の定める諸規程、図書館の予算及びその他の事務につき審査する。

② 各議院の議院運営委員長は前項の審査の結果をその院に報告する。

[第十二・十三条　略]

第五章　図書館の部局
第十四条 館長は、管理事務を効率化するに必要とする部局及びその他の単位を図書館に設ける。

第六章　調査及び立法考査局

第十五条　館長は、国立国会図書館内に調査及び立法考査局と名附ける一局を置く。この局の職務は、左の通りである。

一　要求に応じ、両議院の委員会に懸案中の法案又は内閣から国会に送付せられた案件を、分析又は評価して、両議院の委員会に進言し補佐するとともに、妥当な決定のための根拠を提供して援助すること。

二　要求に応じ、又は要求を予測して自発的に、立法資料又はその関連資料の蒐集、分類、分析、飜訳、索引、摘録、編集、報告及びその他の準備をし、その資料の選択又は提出には党派的、官僚的偏見に捉われることなく、両議院、委員会及び議員に役立ち得る資料を提供すること。

三　立法の準備に際し、両議院、委員会及び議員を補佐して、議案起草の奉仕を提供すること。但し、この補佐は委員会又は議員の要求ある場合に限って提供され、調査及び立法考査局職員はいかなる場合にも立法の発議又は督促をしてはならない。

四　両議院、委員会及び議員の必要が妨げられない範囲において行政及び司法の各部門又は一般公衆に蒐集資料を提供して利用させること。

[第十六条　略]

第六章の二　関西館

第十六条の二　中央の図書館に、関西館を置く。［以下各項略］

第七章　行政及び司法の各部門への奉仕

第十七条　館長は、行政及び司法の各部門に図書館奉仕の連繋をしなければならない。この目的のために館長は左の権能を有する。

一　行政及び司法の各部門の図書館長を、これらの部門を各代表する連絡調整委員会の委員の推薦によって任命する。但し、国家公務員法の適用を受ける者については、同法の規定に従い、且つ、当該部門の長官の同意を得なければならない。

二　行政及び司法の各部門の図書館で使用に供するため、目録法、図書館相

互間の貸出及び資料の交換、綜合目録及び綜合一覧表の作成等を含む図書館運営の方法及び制度を定めることができる。これによって国の図書館資料を行政及び司法の各部門のいかなる職員にも利用できるようにする。

三　行政及び司法の各部門の図書館長に年報又は特報の提出を要求することができる。

[第十八～二十条　略]

第八章　一般公衆及び公立その他の図書館に対する奉仕

第二十一条　国立国会図書館の図書館奉仕は、直接に又は公立その他の図書館を経由して、両議院、委員会及び議員並びに行政及び司法の各部門からの要求を妨げない限り、日本国民がこれを最大限に享受することができるようにしなければならない。この目的のために、館長は次の権能を有する。

一　館長の定めるところにより、国立国会図書館の収集資料及びインターネットその他の高度情報通信ネットワークを通じて閲覧の提供を受けた図書館資料と同等の内容を有する情報を、国立国会図書館の建物内で若しくは図書館相互間の貸出しで、又は複写若しくは展示によつて、一般公衆の使用及び研究の用に供する。かつ、時宜に応じて図書館奉仕の改善上必要と認めるその他の奉仕を提供する。

二　あらゆる適切な方法により、図書館の組織及び図書館奉仕の改善につき、都道府県の議会その他の地方議会、公務員又は図書館人を援助する。

三　国立国会図書館で作成した出版物を他の図書館及び個人が、購入しようとする際には、館長の定める価格でこれを売り渡す。

四　日本の図書館資料資源に関する総合目録並びに全国の図書館資料資源の連係ある使用を実現するために必要な他の目録及び一覧表の作成のために、あらゆる方策を講ずる。

[以下、各項略]

第二十二条　おおむね十八歳以下の者が主たる利用者として想定される図書及びその他の図書館資料に関する図書館奉仕を国際的な連携の下に行う支部図書館として、国際子ども図書館を置く。[以下、各項略]

第九章　収集資料

第二十三条　館長は、国立国会図書館の収集資料として、図書及びその他の図書館資料を、次章及び第十一章の規定による納入並びに第十一章の二及び第十一章の三の規定による記録によるほか、購入、寄贈、交換、遺贈その他の方法によつて、又は行政及び司法の各部門からの移管によつて収集することができる。行政及び司法の各部門の長官は、その部門においては必ずしも必要としないが、館長が国立国会図書館においての使用には充て得ると認める図書及びその他の図書館資料を国立国会図書館に移管することができる。館長は、国立国会図書館では必ずしも必要としない図書及びその他の図書館資料を、行政若しくは司法の各部門に移管し、又は交換の用に供し、若しくは処分することができる。

第十章　国、地方公共団体、独立行政法人等による出版物の納入

第二十四条　国の諸機関により又は国の諸機関のため、次の各号のいずれかに該当する出版物（機密扱いのもの及び書式、ひな形その他簡易なものを除く。以下同じ。）が発行されたときは、当該機関は、公用又は外国政府出版物との交換その他の国際的交換の用に供するために、館長の定めるところにより、三十部以下の部数を直ちに国立国会図書館に納入しなければならない。

一　図書
二　小冊子
三　逐次刊行物
四　楽譜
五　地図
六　映画フィルム
七　前各号に掲げるもののほか、印刷その他の方法により複製した文書又は図画
八　蓄音機用レコード
九　電子的方法、磁気的方法その他の人の知覚によつては認識することがで

きない方法により文字、映像、音又はプログラムを記録した物

② 次に掲げる法人により又はこれらの法人のため、前項に規定する出版物が発行されたときは、当該法人は、同項に規定する目的のため、館長の定めるところにより、五部以下の部数を直ちに国立国会図書館に納入しなければならない。

一 独立行政法人通則法（平成十一年法律第百三号）第二条第一項に規定する独立行政法人

二 国立大学法人法（平成十五年法律第百十二号）第二条第一項に規定する国立大学法人又は同条第三項に規定する大学共同利用機関法人

三 特殊法人等（法律により直接に設立された法人若しくは特別の法律により特別の設立行為をもつて設立された法人又は特別の法律により設立され、かつ、その設立に関し行政官庁の認可を要する法人をいう。以下同じ。）のうち、別表第一に掲げるもの

③ 前二項の規定は、前二項に規定する出版物の再版についてもこれを適用する。ただし、その再版の内容が初版又は前版の内容に比し増減又は変更がなく、かつ、その初版又は前版がこの法律の規定により前に納入されている場合においては、この限りでない。

第二十四条の二 地方公共団体の諸機関により又は地方公共団体の諸機関のため、前条第一項に規定する出版物が発行されたときは、当該機関は、同項に規定する目的のため、館長の定めるところにより、都道府県又は市（特別区を含む。以下同じ。）（これらに準ずる特別地方公共団体を含む。以下同じ。）の機関にあつては五部以下の部数を、町村（これに準ずる特別地方公共団体を含む。以下同じ。）の機関にあつては三部以下の部数を、直ちに国立国会図書館に納入するものとする。［以下、各項略］

第十一章　その他の者による出版物の納入

第二十五条 前二条に規定する者以外の者は、第二十四条第一項に規定する出版物を発行したときは、前二条の規定に該当する場合を除いて、文化財の蓄積及びその利用に資するため、発行の日から三十日以内に、最良版の

完全なもの一部を国立国会図書館に納入しなければならない。但し、発行者がその出版物を国立国会図書館に寄贈若しくは遺贈したとき、又は館長が特別の事由があると認めたときは、この限りでない。

②　第二十四条第三項の規定は、前項の場合に準用する。この場合において、同条第三項中「納入」とあるのは「納入又は寄贈若しくは遺贈」と読み替えるものとする。

③　第一項の規定により出版物を納入した者に対しては、館長は、その定めるところにより、当該出版物の出版及び納入に通常要すべき費用に相当する金額を、その代償金として交付する。

第二十五条の二　発行者が正当の理由がなくて前条第一項の規定による出版物の納入をしなかつたときは、その出版物の小売価額（小売価額のないときはこれに相当する金額）の五倍に相当する金額以下の過料に処する。

②　発行者が法人であるときは、前項の過料は、その代表者に対し科する。

第十一章の二　国、地方公共団体、独立行政法人等のインターネット資料の記録

第二十五条の三　館長は、公用に供するため、第二十四条及び第二十四条の二に規定する者が公衆に利用可能とし、又は当該者がインターネットを通じて提供する役務により公衆に利用可能とされたインターネット資料（電子的方法、磁気的方法その他の人の知覚によつては認識することができない方法により記録された文字、映像、音又はプログラムであつて、インターネットを通じて公衆に利用可能とされたものをいう。以下同じ。）を国立国会図書館の使用に係る記録媒体に記録することにより収集することができる。

②　第二十四条及び第二十四条の二に規定する者は、自らが公衆に利用可能とし、又は自らがインターネットを通じて提供する役務により公衆に利用可能とされているインターネット資料（その性質及び公衆に利用可能とされた目的にかんがみ、前項の目的の達成に支障がないと認められるものとして館長の定めるものを除く。次項において同じ。）について、館長の定め

るところにより、館長が前項の記録を適切に行うために必要な手段を講じなければならない。

③　館長は、第二十四条及び第二十四条の二に規定する者に対し、当該者が公衆に利用可能とし、又は当該者がインターネットを通じて提供する役務により公衆に利用可能とされたインターネット資料のうち、第一項の目的を達成するため特に必要があるものとして館長が定めるものに該当するものについて、国立国会図書館に提供するよう求めることができる。この場合において、当該者は、正当な理由がある場合を除き、その求めに応じなければならない。

第十一章の三　オンライン資料の記録

第二十五条の四　第二十四条及び第二十四条の二に規定する者以外の者は、オンライン資料（電子的方法、磁気的方法その他の人の知覚によつては認識することができない方法により記録された文字、映像、音又はプログラムであつて、インターネットその他の送信手段により公衆に利用可能とされ、又は送信されるもののうち、図書又は逐次刊行物（機密扱いのもの及び書式、ひな形その他簡易なものを除く。）に相当するものとして館長が定めるものをいう。以下同じ。）を公衆に利用可能とし、又は送信したときは、前条の規定に該当する場合を除いて、文化財の蓄積及びその利用に資するため、館長の定めるところにより、当該オンライン資料を国立国会図書館に提供しなければならない。

②　前項の規定は、次の各号に掲げる場合には、適用しない。

一　館長が、第二十四条及び第二十四条の二に規定する者以外の者から、当該者が公衆に利用可能とし、又は送信したオンライン資料を、前項の規定による提供を経ずに、館長が国立国会図書館の使用に係る記録媒体に記録することを求める旨の申出を受け、かつ、これを承認した場合

二　オンライン資料の内容がこの条の規定により前に収集されたオンライン資料の内容に比し増減又は変更がない場合

三　オンライン資料の性質及び公衆に利用可能とされ、又は送信された目的

に鑑み前項の目的の達成に支障がないと館長が認めた場合

四　その他館長が特別の事由があると認めた場合

③　館長は、第一項の規定による提供又は前項第一号の承認に係るオンライン資料を国立国会図書館の使用に係る記録媒体に記録することにより収集することができる。

④　第一項の規定によりオンライン資料を提供した者（以下この項において「提供者」という。）に対しては、館長は、その定めるところにより、同項の規定による提供に関し通常要すべき費用に相当する金額を交付する。ただし、提供者からその交付を要しない旨の意思の表明があつた場合は、この限りでない。

第十二章　金銭の受入及び支出並びに予算
[第二十六〜二十八条　略]

［附則、別表　略］

本書で使用した参考文献

（ここでは主に単行書を挙げ、2023年4月時点で「NDLデジタルコレクション」
<https://dl.ndl.go.jp/> に収録されている資料については、その永続的識別子を付
記する）。旧字体は新字体に直した。

■国立国会図書館史関係

国立国会図書館三十年史．国立国会図書館（以下、NDLと略）．1979.3
　（info:ndljp/pid/9583671 送信サービス資料）

同　資料編．NDL．1980.3（info:ndljp/pid/9670567 送信サービス資料）

国立国会図書館五十年史　本編．NDL．1999.3

同　資料編．NDL．2001.3（CD-ROM）

国立国会図書館七十年記念館史：デジタル時代の国立国会図書館：1998-
　2018　本編．NDL．2021.3（info:ndljp/pid/11645818）

同　資料編．NDL．2022.3．（オンライン資料）(info:ndljp/
　pid/11967733)

帝国議会図書館和漢書目録　明治三十一年十一月．貴族院事務局：衆議院
　事務局．1898.12（info:ndljp/pid/897324）

衆議院図書館図書目録　明治三十八年十二月．衆議院図書館．1905.12
　（info:ndljp/pid/941419）

衆議院図書館図書目録　昭和十五年末現在　上巻・下巻．衆議院事務局．
　1942-1943．（info:ndljp/pid/1907134：info:ndljp/pid/1907148）

加藤宗厚．最後の国立図書館長：ある図書館守の一生．公論社．1976

磯村英一，松浦総三編．国立国会図書館の課題．白石書店．1979.10

国立国会図書館法に規定する図書館の組織および図書館奉仕の改善を目
　的として、関西地域に設置すべき図書館の施設およびその機能につい
　て．国立国会図書館関西プロジェクト調査会．1987.4.2（info:ndljp/

pid/8715530)

国立国会図書館関西館（仮称）設立に関する第一次基本構想．NDL．1988.8（info:ndljp/pid/1000843）

国立国会図書館関西館（仮称）設立に関する第二次基本構想：情報資源の共有をめざして．NDL．1991.8.（info:ndljp/pid/1000841）

中島京子．夢見る帝国図書館．文藝春秋．2019.5

長尾宗典．帝国図書館—近代日本の「知」の物語．中央公論新社．2023.4（中公新書；2749）

■電子図書館関係

F.W. ランカスター著；田屋裕之訳．紙からエレクトロニクスへ：図書館・本の行方．日外アソシエーツ．1987.1

Kenneth E.Dowlin 著；松村多美子，緑川信之共訳．エレクトロニック・ライブラリー．丸善．1987.7

田屋裕之．電子メディアと図書館．勁草書房．1989.6

M.K. バックランド著；高山正也，桂啓壮訳．図書館サービスの再構築．勁草書房．1994.7

長尾真．電子図書館．岩波書店 .1994.9（岩波科学ライブラリー；15）

長尾真．電子図書館　新装版．岩波書店．2010.3

アルバート・ゴアほか；浜野保樹監修・訳．GII 世界情報基盤．ビー・エヌ・エヌ．1995.7

ウィリアム・F. バーゾール著；根本彰ほか訳．電子図書館の神話．勁草書房．1996.4

国立国会図書館電子図書館構想．NDL．1998.5（info:ndljp/pid/1000791）

谷口敏夫．電子図書館の諸相．白泉社．1998.10

原田勝，田屋裕之編．電子図書館．勁草書房．1999.7

津野海太郎著；本とコンピュータ編集室編．だれのための電子図書館．大日本印刷 ICC 本部：トランスアート（発売）．1999.11（Honco 双書；H5）

京都大学電子図書館国際会議編集委員会編．2000 年京都電子図書館国際会議：研究と実際．日本図書館協会．2001.3

電子図書館：デジタル情報の流通と図書館の未来．勉誠出版．2001.11（シリーズ・図書館情報学のフロンティア；no.1）

国立国会図書館編．文化資産としてのウェブ情報：ウェブアーカイビングに関する国際シンポジウム記録集．NDL．2003.3（info:ndljp/pid/999211）

国立国会図書館関西館事業部電子図書館課編．国立国会図書館資料デジタル化の手引き．NDL 関西館事業部電子図書館課．2005.11（info:ndljp/pid/1000812）

■納本制度調査会／納本制度審議会答申

（答申類は NDL ウェブサイトの「納本制度」に掲載）

答申 21 世紀を展望した我が国の納本制度の在り方：電子出版物を中心に．納本制度調査会．1999.2.22.（info:ndljp/pid/1001007）

答申 ネットワーク系電子出版物の収集に関する制度の在り方について．納本制度審議会．2004.12.9（info:ndljp/pid/999243）

答申 オンライン資料の収集に関する制度の在り方について．納本制度審議会，2010.6.7

中間答申 オンライン資料の制度的収集を行うに当たって補償すべき費用の内容について．納本制度審議会．2012.3.16

答申 オンライン資料の制度収集を行うに当たって補償すべき費用の内容について．納本制度審議会．2021.3.25

■国立図書館／図書館史／その他

Arndell Esdaile. National libraries of the world: their history, administration and public services. Grafton, 1934. 複製版（Franklin Classic Trade Press, an imprint of Creative Media Partners）あり

鈴木平八郎．国立図書館：近代的機能の展開．丸善．1984.6

ギ・シルヴェストル著；松本慎二訳．国立図書館のガイドライン．日本図
　書館協会．1989.8

石山洋．源流から辿る近代図書館：日本図書館史話．日外アソシエーツ．
　2015.1

高山正也．歴史に見る日本の図書館：知的精華の受容と伝承．勁草書房．
　2016.4

ジミー・ソニ，ロブ・グッドマン著；小牧恵理訳．クロード・シャノン情
　報時代を発明した男．筑摩書房，2019.6

小田徹．コンピュータ開発のはてしない物語―起源から驚きの近未来まで．
　技術評論社．2016.1

夢見る「電子図書館」関連略年表

（1）明治期〜 1948（昭和 23）年の国立国会図書館設立まで

年	帝国議会の図書館	帝国図書館	関連事項
1872（明治5）		文部省「書籍館」を設置。湯島聖堂で開館	
1875（明8）		「東京書籍館」に改称	
1877（明10）		「東京書籍館」廃止、東京府に移管され、「東京府書籍館」となる	西南戦争
1880（明13）		文部省所管に戻り「東京図書館」と改称	
1882（明18）		湯島から上野に移転	
1889（明22）			大日本帝国憲法公布（2/11）
1890（明23）	帝国議会開設。衆議院および貴族院に図書担当部署が位置づけられる		「出版法」制定（1893）
1897（明30）		「帝国図書館官制」公布（4/27）	日清戦争（1894〜5）
1898（明31）	『帝国議会図書館和漢書目録』		
1899（明32）		帝国図書館建築工事開始	「図書館令」制定
			日露戦争（1904〜5）
1906（明39）		第1期工事竣工（計画の約4分の1）、開館式(3/23)	

年			
1918（大正7）	国会議事堂の建設予算成立。1924年以降、図書館設置の決議案、建議案が次々に上程される		
1922（大11）		図書館講習所を付設	
1929（昭和4）	「議会法」、「出版法」および「新聞紙法」改正の法律案（帝国議会図書館への納本）提案（3/19）	第2期工事竣工（計画の約3分の1）	
1933（昭8）			満州事変、「図書館令」全面改正
1934（昭9）	帝国議会図書館並議員事務室設置に関する建議案可決（3.22）		
1936（昭11）	国会議事堂完成		
1937（昭12）	広田広毅内閣が図書館等の建築予算を計上したが実現せず		日中戦争開戦
1941（昭16）			太平洋戦争開戦
1945（昭20）			終　戦（8/15）、GHQ/SCAPによる占領（～1952/4/28）国際連合、ユネスコ設立
1946（昭21）	第90回帝国議会で議会図書館設置の請願・建議が相次ぐ		日本国憲法公布（11/3）
1947（昭22）	国会法制定（4/30）。第130条で国会図書館の設置を規定。国会図書館法制定（4/30公布・5/3施行）。第1回国会召集（5/20）。両院の図書館運営委員会審議開始。米国図書館使節来日（12/14）	「国立図書館」と改称（12/4）	日本国憲法施行（5/3）
1948（昭23）	国立国会図書館法（以下、館法）制定（2/9）		

（2）1948（昭和23）年以降

年	機械化・電子図書館関係	国立国会図書館（NDL）	関連事項
1948（昭23）		金森徳次郎館長就任（2/25）、中井正一副館長就任（4/16）。赤坂離宮で開館（6/5） ダウンズGHQ特別顧問来日・業務に関する勧告 『納本月報』創刊、雑誌記事索引作成開始	
1949（昭24）		国立図書館（旧帝国図書館）を「支部上野図書館」（4/1）として編入 印刷カード作成・頒布開始 館法改正（納本規定）	
1950（昭25）			「図書館法」制定 ユネスコ「書誌サービス改良会議」開催）
1951（昭26）		『全日本出版物総目録』刊行開始	
1952（昭27）		中井正一副館長死去（5/18）	サンフランシスコ講和条約
1954（昭29）	中村初雄「図書館の機械化」		
1956（昭31）		永田町本館建設工事開始 『納本週報』創刊	
1959（昭34）	機械検索研究員設置	金森徳次郎館長退任（5/2）	
1961（昭36）		鈴木隆夫館長（4/5～65年） 本館第1期工事完成・開館 科学技術関係資料整備審議会設置	
1966（昭41）		本館第2期工事開始	
1968（昭43）		本館第2期工事終了全館完成（11月）	
1969（昭44）	総務部に業務機械化準備室設置		

1971（昭46）	コンピュータ導入・稼働開始 欧文雑誌編集システム、国会会議録索引編集システム完成		
1973（昭48）	業務機械化準備室を業務機械化室に改称、総務部電子計算課を設置		国際図書館連盟（IFLA）がUBC（国際書誌コントロール）のプログラム開始
1974（昭49）	和雑誌目録編集システム完成	別館（新館）建設検討開始	
1976（昭51）	和図書システムの開発に着手		
1977（昭52）			IFLA「全国書誌国際会議」開催
1978（昭53）	ジャパン・マーク審議会（～1980）		
1981（昭56）	JAPAN/MARC 頒布開始	『納本週報』を『日本全国書誌　週刊版』に改題 新館工事開始	
1982（昭57）		関西館プロジェクト調査会設置	
1985（昭60）	NOREN（オンライン検索サービス）開始		NACSIS-CAT 開始
1986（昭61）	「電子計算課」を「情報処理課」に改称	機構改革。新館完成（9月）	
1988（昭63）	J-BISC（CD-ROM）刊行	『日本全国書誌　週刊版』を『日本全国書誌』に改題 関西館第一次基本構想	
1989（平成元）	田屋裕之『電子メディアと図書館』		
1991（平3）		関西館第二次基本構想	
1993（平5）			米国の情報スーパーハイウェイ構想
1994（平6）	パイロット電子図書館プロジェクト開始（～1997） 長尾真『電子図書館』		米国議会図書館「アメリカン・メモリー」公開。電子図書館計画（NDLP）を推進

年			
1995（平7）	G7 電子図書館プロジェクト（～ 1999。世界図書館事業 2000 ～ 05)	関西館事業化決定。建築設計競技実施 国際子ども図書館設置に関する調査会答申	
1996（平8）	NDL ホームページ開設（6/5)		
1997（平9）	業務機械化室廃止、「情報処理課」を「情報システム課」に改称 電子図書館推進委員会設置	印刷カード事業終了	
1998（平10）	電子図書館推進会議報告書提出（2 月) 総合目録ネットワーク事業開始 「国立国会図書館電子図書館構想」(5/25) 企画課電子図書館推進室設置 電子図書館基盤システム開発開始	支部上野図書館改修工事着工（3 月) 戸張正雄館長就任（6/18 ～ 2002/7/19) 関西館起工式（11/30)	行政情報化推進計画
1999（平11）	国会会議録フルテキストDB の国会への提供開始	納本制度調査会答申（2/22) 電子出版物の納本制度の在り方	
2000（平12）	NDL ホームページをリニューアル、Web-OPAC、貴重書画像DB等を公開（3/22) 「電子図書館サービス実施基本計画」策定（3 月)	国際子ども図書館部分開館（5/5) 館法改正。パッケージ系電子出版物の納本制度化（10/1 施行)	IT 基本法制定 内閣「IT 戦略本部」設置
2001（平13）	電子図書館コンテンツ構築経費予算化 明治期刊行図書著作権調査、電子化等に着手		IT 戦略本部「e-Japan 戦略」(1/22)
2002（平14）	「ウェブ・アーカイビングに関する国際シンポジウム」(1/30) 関西館事業部電子図書館課設置。電子推進室は企画・協力課電子情報企画室に（4/1) NDL ホームページリニューアル。「近代デジタルライブラリー」、「NDL-OPAC」等公開（10/1) 「WARP」、「Dnavi」公開（11/1)	関西館設置。全面的機構改革（4/1) 国際子ども図書館全面開館（5/5) 黒澤隆雄館長就任（7/19 ～ 2007/3/31) 関西館開館（10/7) 『日本全国書誌』ホームページ版公開	I T 戦略本部「CIO 連絡会議」設置

2003（平15）			内閣「知的財産戦略本部」設置（以後毎年度「知的財産推進計画」策定）
2004（平16）	「電子図書館中期計画2004」策定（2月）「法令沿革索引データベース」公開	「国立国会図書館ビジョン2004」策定 東京本館サービスリニューアル（10/1）納本制度審議会答申（12/9）ネットワーク系電子出版物の収集制度の在り方	「e-Japan戦略重点戦略II加速化パッケージ」策定（2月）「デジタルアーカイブの推進に関する関係省庁連絡会議」開催（9月）
2005（平17）	デジタルアーカイブシステム開発開始 「帝国議会会議録データベース」公開		
2007（平19）	「PORTA」本格公開	長尾真館長就任（4/1～2012/3/31）関西館の部立てを廃止（4/1）『日本全書誌』冊子体終刊。ホームページ版のみに（7月）	文化審議会著作権分科会「過去の著作物等の保護と利用のための小委員会」設置
2008（平20）	IIPC（国際インターネット保存コンソーシアム）に正式加盟	「長尾ビジョン」公表 収集部と書誌部を収集書誌部に統合（4/1）	小委員会中間総括
2009（平21）	「資料デジタル化及び利用に係る関係者協議会」基本合意 大規模デジタル化の開始（～2010）	平成21年度補正予算成立（5/29）デジタル化経費計上 館法改正（7/10）インターネット資料の収集制度化（2010/4/1施行）	米国Google訴訟 著作権法改正（6/19）NDLの保存目的のデジタル化（2010/1/1施行）
2010（平22）	「NDLサーチ」開発版公開（8月、2012/1本格提供）	納本制度審議会答申（6/7）オンライン資料の収集制度の在り方	「デジタル・ネットワーク社会における出版物の利活用の推進に関する懇談会(三省懇)」（3～6月）文化庁「電子書籍の流通と利用に関する検討会議」（11～2011/12）
2011（平23）	「NDLデジタル化資料」提供開始（2014に「NDLデジタルコレクション」に改称）「Web NDL Authorities」公開	第3期科学技術情報整備基本計画策定（3/18）資料提供部と主題情報部を利用者サービス部に統合、電子情報部発足（10/1）	東日本大震災（3/11）

年			
2012（平 24）		納本制度審議会中間答申（3/6）オンライン資料の収集範囲 大滝則忠館長就任（4/1～2016/3/31） 館法改正（6/22）オンライン資料の収集制度化（有償・DRM 付のものは提供免除）2013/7/1 施行 「私たちの使命・目標 2012-2016」策定	著作権法改正（6/27）NDL のデジタル化資料の図書館送信（2013/1/1 施行） 「電子行政オープンデータ戦略」策定（7月）
2013（平 25）	「東日本大震災アーカイブ（ひなぎく）」公開（3月） オンライン資料収集開始（7月）		
2014（平 26）	デジタル化資料図書館向け送信サービス開始（1/21）「NDL デジタルコレクション」（「NDL デジタル化資料」の改称）から提供		
2015（平 27）	電子書籍・電子雑誌収集実験事業	国際子ども図書館新館完成（9月）	
2016（平 28）	「近代デジタルライブラリー」終了（5月）	第 4 期科学技術情報整備基本計画策定（3/18） 羽入佐和子館長就任（4/1～2020/3/31） 「ユニバーサル・アクセス2020」策定	「デジタルアーカイブの連携に関する関係省庁等連絡会」（2016/9～2017/9） 「官民データ活用推進基本法」制定（12月）
2017（平 29）			「デジタルアーカイブジャパン推進委員会および実務者検討委員会」設置
2018（平 30）	「NDL オンライン」（NDL-OPAC の後継）提供開始（1/5）		著作権法改正（5/25）図書館送信範囲を外国図書館等に拡大・文化庁長官裁定供託金等（2019/1/1 施行）・TPP 協定発効に伴い著作権保護期間 70 年に延長（12/30）
2019（平 31・令元）	「ジャパンサーチ」試験版公開（2月）	書誌データのオープン化（4月）	

2020（令2）	「ジャパンサーチ」正式版公開（8/25）	関西館書庫棟竣工（2/20）来館利用サービス休止（本館3/6〜6/30）吉永元信館長就任（4/1〜）	新型コロナウィルス感染症流行文化審議会著作権分科会法制度小委員会「図書館関係の権利制限規定の在り方に関するワーキングチーム」設置
2021（令3）	「資料デジタル化基本計画2021-2025」策定（3月）入手困難資料の個人送信に関する関係者協議合意（12月）	「ビジョン2021-2025―国立国会図書館のデジタルシフト」策定（1月）令和2年度補正予算（第3号）成立（1/28）資料デジタル化の実施納本制度審議会答申（3/25）オンライン資料の収集範囲（有償、DRM付も含める）第5期科学技術情報整備基本計画策定（3/29）令和3年度補正予算（第1号）成立（12/20）資料デジタル化の実施	法制度小委員会報告書（1/15）著作権法改正（6/2）絶版等資料の公衆送信（2022/1/1施行）・図書館等の公衆送信（2023/6/1施行）「図書館等公衆送信サービスに関する関係者協議会」設置（9月）
2022（令4）	デジタル化資料個人向け送信サービス開始（5/19）「NDLデジタルコレクション」リニューアル（12/21）テキスト全文検索機能追加	館法改正（6/5）有償のオンライン資料の提供免除を削除（2023/1/1施行）	SARLIB設立（9月）
2023（令5）	有償オンライン資料の収集開始（1月）		

＊参考：NDLウェブサイト．国立国会図書館について．沿革．国立国会図書館小史

索　引

夢見る「電子図書館」

2023 年 9 月 20 日　初　版　発行

著　者　中井 万知子　ⓒ NAKAI　Machiko

発行者　登坂　和雄
発行所　株式会社　郵研社

〒 106-0041　東京都港区麻布台 3-4-11

電話（03）3584-0878　FAX（03）3584-0797

http://www.yukensha.co.jp

印　刷　モリモト印刷株式会社

ISBN978-4-907126-59-9　C0095
2023 Printed in Japan